논란의 건축
낭만의 건축

Architecture polémique Architecture de rêve
126 ans d'histoire autour de la Tour Eiffel

논란의 건축
낭만의 건축

에펠탑, 126년의 시간을 따라 걷다

정대인 지음

문학동네

L A T O U R E I F F E L

차례

책을 열며

la tour Eiffel

한강 변에서의 공상

초여름의 무더위가 한창 기승을 부리던 어느 날, 선선한 밤바람을 쐬러 찾은 한강 시민공원 반포지구에서 있었던 일이다. 한창 이 책을 쓰던 중이었기 때문일까. 자리를 잡고 캔맥주를 따자마자 내 시선은 강 건너의 남산타워로 향했다. 그날따라 남산타워는 에펠탑을 연상시키는 듯했다. 나는 그렇게 남산타워로부터 눈을 떼지 못한 채 한참을 멍하니 앉아 있었다.

서울의 건축물 중 남산타워만큼 에펠탑과 직접적으로 비교 가능한 건축물은 없을 것이다. 물론 서울을 대표하는 건물은 63빌딩이 아니겠느냐는 의견도 있을 수 있겠지만, 63빌딩은 태생적으로 내부 공간의 대부분에 사무실이 입주해 있는 오피스 빌딩인 반면, 남산타워는 에펠탑과 마찬가지로 전망대와 안테나 역할을 하는 특수 시설물이다. 남산타워는 에펠탑의 아류작인 일본 도쿄타워의 또다른 아류작이라는 오명을 얻은 비운의 건조물이기도 하다. 그러나 그보다 더 안타까운 사실은 8~90년대까지만 해도 시내 곳곳에서 볼 수 있었던 남산타워가 어느덧 서울을 빽빽이 메운 고층 빌딩과 아파트 숲에 가려 잘 보이지도 않게 되었다는 점이다. 사실 남산타워는 나를 포함한 대다수의 서울 시민에게 더이상 큰 의미를 갖지 못한다. 파리에서는 창밖으로 에펠탑이 보이는 집의 가격이 더욱 높게 책정되는 반면, 파리와는 비교도 안 될 만큼 활발한 부동산 경기를 누리고 있는 서울에서 '남산타워가 보이는 최적의 조망'이라는 홍보문구는 큰 효과가 없다. 남산타워는 기껏해야 연인들이 전망대의 철조망에 서로의 이름을 새긴 자물쇠를 걸며 사랑이 영원하기를 꿈꾸는 데이트 코스 내지는 단순한 전망 타워 정도로 치부되기 일쑤다. 에펠탑 건립 반대 탄원서에 서명하기도 했던 작곡가 샤를 구노Charles Gounod는 에펠탑이 더욱 도드라져 보이고 도시 전체를 지배하는 듯한 이미지를 갖기 위해서는 몽마르트르 언덕 위에 세워져야 한다고 주장한 바 있지만, 남산타워는 몽마르트르 언덕보다 훨씬 더 높은 남산 위에 세워져 있음에도 불구하고 서울이라는 도시를 지배하지 못하고 있다.

한데, 이날 탁 트인 한강 둔치에서 바라본 남산타워는 뭔가 달랐다. 책을 준비하는 과정에서 에펠탑과 관련된 이미지를 너무나 많이 봐왔기 때문일까. 문득 남산타워가 참 독창적이고 멋진 형태를 보여주고 있다는 생각이 들었다. 솔솔 불어오는 강바람과 시원한 맥주 한 모금이 최면 효과를 일으켰는지도 모르겠다. 최면 상태가 지속되자 이번에는 착시 현상이 일어나는 듯했다. 어느새 남산타워는 흔적도 없이 사라지고 그 자리에 에펠탑이 서 있었다.

문득 만약 지금으로부터 100년도 훨씬 전 파리의 한복판에 세워진 건물이 에펠탑이 아닌 남산타워였다면, 그리고 남산 꼭대기에 세워진 건물이 에펠탑이었다면 어땠을까 하는 생각이 들었다. 한데, 이런 공상은 기분좋게 조금씩 취기가 오르던 나의 흥을 단박에 깨버렸다. 뭐라 설명할 수는 없지만 남산 위에 에펠탑이 서 있다 한들, 서울이 전 세계인들에게 문화와 예술의 도시라는 평가를 받으며 찬미의 대상이 되지는 않을 거란 생각이 들었기 때문이다. 반면, 파리에는 여전히 수많은 관광객들이 찾아와 남산타워를 배경으로 기념사진을 찍을 것만 같았다.

전 세계에 에펠탑의 유사 건축물이 세워지고 있는 상황에 대한 파리의 에펠탑 운영회사 대표 장베르나르 브로Jean-Bernard Bros의 논평은 이러한 내 직관적인 추론에 힘을 실어준다.

"에펠탑이 전 세계에서 복제되고 있는 것에 대해 우리는 매우 기쁘게 생각합니다. 그것은 바로 어쩔 수 없이 치러야 하는 유명세가 아닐까요? 하지만 복사품이 늘어날수록 사람들은 더더욱 원조 에펠탑을 방문하고 싶어합니다. 에펠탑은 끊임없이 모방되고 복제되고 재창조되지만 그 무엇도 에펠탑에 필적할 수 없죠. 왜냐하면 우리의 에펠탑에는 그 어떠한 복제품에서도 찾을 수 없는 특별한 점이 있기 때문입니다. 그건 바로 에펠탑이 파리에 있다는 점이죠."

그의 자부심 가득한 이 한마디에 나는 고개를 끄덕이며 씁쓸히 수긍할 수밖에 없었다.

그때 갑자기 강 건너에서 굉음이 울려퍼지더니 어느덧 해가 완전히 저문 서울의 밤하늘에 불꽃송이들이 흐드러지고 있었다. 알고 보니 마침 이날이 미국 독립기념일이어서 용산 미군기지에서 불꽃놀이를 벌이고 있었던 것이다. 요란한 불꽃놀이는 꽤 오랫동안 계속되었지만, 자리를 뜰 때까지 내 머릿속에선 남산 위에 서 있는 에펠탑과 파리에 서 있는 남산타워의 이미지가 지워지지 않았다. 문득 에펠탑을 처음 봤던 당시의 일이 떠올랐다.

내 기억 속 에펠탑

20여 년 전, 에펠탑을 실제로 처음 접했던 장면이 아직도 눈앞에 생생하다. 초등학교 저학년인 나는 부모님을 따라 파리를 여행중이었다. 숙소로 가기 위해 차를 타고 파리 시내를 가로지르던 중, 아무런 예고도 없이 에펠탑이 툭 튀어나왔다. 하지만 그날 본 에펠탑은 이전까지 내가 사진 속에서나 봐오던 그 모습이 아니었다. 우리가 탄 차는 에펠탑의 발치를 지나가고 있었던 것이다. 멀리서 찍은 사진 속 에펠탑의 이미지에만 익숙했던 나는 에펠탑이 실제로 이 땅에 발을 딛고 서 있다는 사실을 새삼 깨달았다. 어린 나에게도 에펠탑은 상당히 친근한 건축물이었지만, 막상 실제로 마주하고 보니 그 어마어마한 크기에 압도되었던 기억이 뚜렷하다.

세월이 흘러 청소년이 된 나는 다시 부모님을 따라 파리에 정착해 10년에 가까운 시간을 보냈다. 에펠탑에서 걸어서 십 분 거리에 살았던 나는 하루에도 몇 번씩 탑을 볼 수 있었다. 에펠탑은 더이상 경외의 대상이 아니었고, 그저 파리에서 제일 유명한 관광명소 정도로만 인식되었던 것 같다. 마치 오랜만에 다시 찾아간 초등학교 교실의 책상을 보며 그 작은 크기에 놀라듯, 처음 봤을 때 그리도 거대해 보이던 에펠탑은 시간이 갈수록 작아지는 듯했다. 특히 건축대학교 신입생이었을 때 들은 3D 프로그램 수업에서 에펠탑을 3D로 정교하게 복제하는 과제를 몇 날 밤을 새우며 작업한 이후로는 에펠탑이라면 거의 질려버리게 되었다.

그럼에도 불구하고 막상 학부를 졸업하고 한국에 돌아온 지 몇 해가 지난 시점에서 파리를 생각할 때 떠오르는 대표적인 이미지는 역시 에펠탑이었다. 물론 프랑스를 찾은 한국 관광객들 중 "에펠탑, 그거 별거 아니더라"라고 말하는 이들도 많다고 한다. 그렇다 해도 매년 600만 명의 관광객이 에펠탑에 오른다는 사실은 에펠탑이 아직까지 세상에서 많은 사랑을 받는 건축물 중 하나라는 것을 확인시켜준다. 굳이 파리에 살지 않아도 전 인류에게 너무나 익숙한 에펠탑. 막상 실제로 방문하면 조금은 실망스러울지도 모를 에펠탑. 하지만 여전히 파리 하면 가장 먼저 떠오르는 에펠탑. 과연 에펠탑에는 뭐가 그리도 특별한 점이 있는 것일까? 이런 평범한 질문에서 이 책은 시작되었다.

에펠탑 콤플렉스

에펠탑이 세워진 지 100년도 더 흘렀건만 아직까지 전 세계 어느 나라도 이른바 '에펠탑 콤플렉스'에서 자유롭지 못하다. 19세기 후반 유럽 국가들의 직접적인 에펠탑 모방 시도부터 최근 중동 지역에 세워지는 초고층 빌딩들에 이르기까지 에펠탑을 능가하는 건축물을 지으려는 노력은 계속되고 있다. 그러나 에펠탑보다 높고 특이한 디자인의 그 어떤 건축물도 에펠탑만큼의 상징성을 부여받지 못하고 있다. 이는 물론 대한민국에도 해당된다. 특히 2000년대에 들어서서 '랜드마크'라는 외국어가 한국 사회에서 상용화된 사실은 우리나라가 얼마나 '서울의 에펠탑'에 목말라하는지를 잘 보여주는 단편적인 예라고 할 수 있겠다. 나는 '인문학적 에펠탑 해부도'를 표방하는 이 책을 통해 서울에서 약 9천 킬로미터 떨어져 있는 파리의 에펠탑으로부터 우리가 배울 수 있는 것은 과연 무엇일까란 질문에 대한 나름대로의 답변을 제시하고자 노력했다. 좀더 자세히 들어가보자면 나는 네 가지 일관된 관점에서 이 책을 쓰려 했다.

첫번째로 유의한 점은 무조건적으로 에펠탑을 찬양하는 글이 아닌 비판적인 글쓰기를 한다는 것이었다. 국내에 많이 소개되지는 않았지만 주로 프랑스인들에 의해 집필된 기존의 에펠탑 관련 서적들은 자국의 문화적 자부심을 내비치며 긍정적인 평가 일색이다. 나는 이런 조류에 편승하지 않고 내 나름대로의 시각을 유지하기 위해 노력했다. 또한 한 해에도 몇 권씩 쏟아져나오는 국내 여행 작가들의 파리 여행기에서 그려지는 서정적이고 단편적인 에펠탑 애정론과도 거리를 두려 했다.

두번째로는 단조로운 정보의 나열을 피하려 했다. 교과서적인 정보 전달만이 아닌 주관적인 나의 의견을 피력하고, 에펠탑에 대한 흥미로운 이야깃거리와 이미지들을 가능한 한 많이 실으려 했다.

세번째로는 최대한 다양한 시각으로 에펠탑을 바라보려 노력했다. 에펠탑 신화에 대한 공감대를 형성하기 위해서는 에펠탑 건립 당시의 역사적, 문화적, 사회적 배경부터 건립 이후 변모해 가는 에펠탑의 의미에 대한 이해가 필수적이다. 에펠탑은 300미터짜리 단순한 철제 구조물이 아닌 수많은 역사적 의미들이 축적되어 만들어진 상징물이기 때문이다. 예를 들어 영국의 록밴드 비틀스의 신화가 오늘날까지 지속될 수 있는 것도 음악 그 자체로서의 완성도뿐만이 아닌 활동 당시의 시대 배경과 후대의 뮤지션들에게 끼친 직간접적인 영향들 덕분이다. 에펠탑을 이해하는 데도 이러한 역사적 시각이 매우 중요하다고 판단되었다.

네번째로 에펠탑 자체에 대한 연구로 그치지 않고 에펠탑을 통해 근대화 과정의 프랑스, 더 나아가 서구 사회에 대한 고찰을 최종적인 목표로 지향했다. 녹색성장이 주요 화두가 된 선진사회에서 모더니티modernity는 이미 오래전에 뛰어넘은 구시대적 관념으로 치부되는 경향이 있다. 그러나 한국처럼 반세기도 되지 않는 짧은 시간에 근대화를 이룬 사회일수록 모더니티의 본질에 대한 이해 없이 껍데기만 흉내내는 경우가 종종 발생하곤 한다. 나는 모더니티의 전반적인 윤곽을 파악하는 데 에펠탑이 좋은 길잡이가 될 수 있을 것이라 생각했다.

이 책은 총 7장으로 구성되어 있다. 1장에서는 에펠탑 건립 이전 프랑스의 정치적 배경과 프랑스-영국 간의 산업 경쟁에 대해 이야기했다. 2장에서는 에펠탑을 세운 엔지니어 구스타브 에펠Gustave Eiffel의 일생을 다뤘다. 3장에는 에펠탑이 세워지기 이전의 세상에서 가장 높은 건축물들과 에펠탑 공모 과정에 대한 이야기가 실려 있다. 4장에서는 에펠탑의 건설 과정을 다뤘고, 5장에서는 건립 이후 에펠탑에 무슨 일들이 벌어졌는지에 대해 논했다. 6장에서는 기념품, 예술작품, 유사품 등으로 복제되는 이른바 에펠탑의 '무한 증식'을 다뤘다. 앞의 여섯 장이 에펠탑에 대한 흥미로운 사실들을 중심으로 군데군데 나의 주관적인 해석들을 삽입한 형식으로 구성되었다면, 마지막 7장에서는 내 나름대로 에펠탑 신화를 해부해보려는 변증법적 시도가 있었다.

이 책을 쓰면서 가장 큰 도움이 되었던 문헌은 데이비드 하비David I. Harvie가 쓴 『에펠Eiffel: The Genius Who Reinvented Himself』(2006)과 베르트랑 르무안Bertrand Lemoine의 『에펠 씨의 탑La Tour de Monsieur Eiffel』(1989)이었다. 특히 하비의 책은 에펠 개인의 일생에 대해 자세하게 서술되어 있어 2장을 집필하는 데 큰 도움이 되었다. 또한 헨리 페트로스키Henry Petroski의 『기술의 한계를 넘어Pushing the Limits』(2004), 『이 세상을 다시 만들자Remaking the world』(1997)와 같은 저서들은 에펠탑과 같은 철골 구조물만이 지닌 고유의 아름다움에 대해 생각해보는 계기가 되었다. 이외에도 롤랑 바르트의 『에펠타워La tour Eiffel』(1964)

와 우르술라 무셸러Ursula Muscheler의 『건축사의 대사건들Die Nutzlosigkeit des Eiffelturms』(2005), 송하엽의 『랜드마크; 도시들 경쟁하다』(2014), 정수복의 『파리의 장소들』(2010), 임석재의 『한 권으로 읽는 임석재의 서양건축사』(2011) 등에서 에펠탑에 대해 언급한 부분은 나의 시각을 넓히는 데 큰 도움이 되었다. 마지막으로 렘 콜하스Rem Koolhaas가 쓴 『정신착란병의 뉴욕Delirious New York: A Retroactive Manifesto for Manhattan』(1978)은 집필 과정 내내 나에게 좋은 롤모델이 되었다. 비록 콜하스의 책에 에펠탑에 대한 직접적인 언급은 없지만, 그가 뉴욕이라는 소재를 통해 도시적 모더니즘을 자세히 해부했듯이, 나도 에펠탑을 통해 19세기 이후 모더니즘의 전환에 대해 관찰해보고자 노력했다.

세상에서 가장 유명한 랜드마크인 에펠탑을 연구한 이 책이 한국 사회의 '랜드마크 집착 증후군'에 대한 해결책에 방향을 제시하는 데 조금이나마 기여할 수 있기를 바랄 뿐이다. 마지막으로 초고를 읽어주시고 조언을 해주신 권지현 선생님과 이윤영 선생님, 그리고 무엇보다도 책을 쓰는 데 아낌없는 격려를 보내주신 부모님에게 감사의 말씀을 전한다.

1장

에펠탑 이전의 건축

la tour Eiffel

그레이트 타워 프로젝트

파격적인 건축물은 충격을 선사한다. 1889년 프랑스 파리 만국박람회에서 에펠탑이 처음 공개되었을 때 이웃나라 영국의 젠틀맨들은 크나큰 충격을 받았다. 프랑스의 기술력이 자신들보다 30년은 뒤처져 있다고 생각하던 영국인들에게 세계에서 가장 높은 인공 건조물이 프랑스인들에 의해 세워졌다는 사실은 영 탐탁지 않은 일이었다. 이후 영국에서는 산업혁명을 시작한 원조 기술 선진국으로서 자존심을 지켜야 한다는 의식이 팽배하기 시작했고, 에드워드 왓킨 경sir Edward Watkin의 주도 아래 에펠탑보다 30미터 더 높은 건축물을 세우기 위한 프로젝트가 추진된다. 이른바 '그레이트 타워 프로젝트'다.

영국 내 9개 철도회사의 소유주로서 거대 자본가이자 정치가인 왓킨이 이 프로젝트를 시작하게 된 데에는 영국의 국가적 위상을 높이려는 의도 못지않게 상업적 의도가 숨어 있었다. 입장권 판매와 타워 내 식당, 기념품점, 상점 등의 부속시설 운영으로 에펠탑이 1년에 수백만 프랑의 수입을 올렸다는 사실은 계산이 빠른 영국인 자본가 왓킨에게 매우 흥미로운 사업적 영감을 불러일으켰다. 사실 그는 이전부터 런던 북부의 웸블리Wembley라 불리는 지역에 거대한 놀이공원의 설립을 추진하고 있었다. 자신의 철도회사를 통해 런던과 웸블리 공원을 연결해 철도 이용료와 공원 입장료를 모두 챙긴다는 계산이었다. 웸블리 공원의 놀이시설로는 뱃놀이를 위한 호수와 인공폭포, 정원, 크리켓과 풋볼 경기장 등이 있었는데, 그 한가운데에 에펠탑을 능가하는 거대한 철탑을 세워 공원의 하이라이트를 장식한다는 것이 그레이트 타워 프로젝트의 요지였다. 타워 내부에 식당, 댄스홀, 극장 등의 유흥시설을 설치한다면 큰 수입이 될 것이라 왓킨은 확신했다.

1890년, 왓킨은 에펠탑을 설계한 프랑스의 엔지니어 구스타브 에펠에게 직접 설계를 의뢰했으나 에펠은 프랑스 국민들을 배신할 수 없다며 이 제안을 정중히 거절한다. 결국 왓킨은 500기니의 상금을 걸고 '런던 그레이트 타워를 위한 디자인 공모전'을 열게 되고, 총 68개의 제안이 출품되었다. 하나, 애석하게도 제2의 에펠탑을 세우겠다는 야망을 품고 공모전에 참가한 젊은 건축가

〈제안 4〉

〈제안 6〉

〈제안 9〉

〈제안 12〉

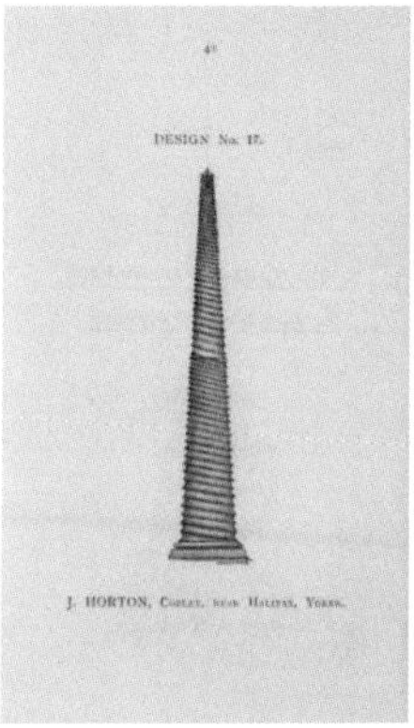

〈제안 17〉

〈제안 36〉

〈제안 51〉

〈제안 64〉

〈제안 66〉

fig.1 그레이트 타워 공모전의 출품작 모음집에 소개된 일부 제안들.

들의 제안은 영 신통치 못했다. 철저한 공학적 계산에 의해 설계된 에펠탑에 비해 공모작들은 실제로 세워지기 힘든 추상적인 구조이거나, 에펠탑을 직접적으로 연상시키는 모방작인 경우가 대부분이었다. 그들의 제안이 에펠탑보다 미적으로 뛰어나고 아니고의 문제가 아니었다. 문제는 그들 중 누구도 기존의 에펠탑이 지닌 강렬한 이미지를 뛰어넘지 못했다는 것이다. 에펠탑과 거의 똑같은 구조이지만 좀더 곡선을 강조한 〈제안 4〉나 에펠탑에 고전주의적 취향의 구조물을 추가한 〈제안 51〉과 〈제안 64〉는 너무나도 뚜렷하게 에펠탑을 연상시켰다. 〈제안 66〉의 경우 에펠탑과의 차이점을 찾기가 힘들 정도다. 물론 브뤼헐이 그린 바벨탑을 연상시키는 〈제안 6〉, 탑의 하단부가 좁아 얼핏 보기에도 구조적으로 매우 불안한 〈제안 12〉, 자동차로 탑을 오를 수 있도록 나선형 도로를 상상한 〈제안 17〉과 같이 좀더 독창적인 디자인도 있었다. 하지만 왓킨은 모험을 즐기는 유형이 아니었고, 결국 노련한 엔지니어 제임스 매클래런James MacLaren과 두 명의 보조 엔지니어가 설계한 〈제안 37〉이 최종 우승작으로 당선된다. 에펠탑의 모조품이라는 비난을 피할 수는 없겠지만, 축조 가능성이 확실한 작품을 선택한 것이다.

왓킨의 이름을 따 '왓킨스 타워Watkin's Tower'라고 불리게 된 이 타워는 그러나 첫 단추부터 잘못 끼워지게 된다. 에펠이 에펠탑을 세울 때 그러했던 것처럼 왓킨도 일반인을 대상으로 주식을 공모

82

DESIGN No. 37.

The First Prize of
500 Guineas
was awarded to this
design.

A. D. STEWART, M.Inst.C.E.,
2, Queen Square Place, W.;
J. M. MACLAREN and W. DUNN, A.R.I.B.A.,
21, King William Street, Strand, W.C.

fig.2 그레이트 타워 공모전의 우승작 〈제안 37〉.

해 건설에 필요한 자금을 마련하려 했으나, 기대와 달리 일반인들의 참여도가 너무나 저조했다. 영국인들은 재산 증식을 위해서가 아닌 영국의 국가적 위상을 드높이기 위해 타워를 세운다는 자본가 왓킨의 말에 진실성을 느끼지 못했기 때문이다. 결국 왓킨 개인이 모든 재정적인 부담을 떠안은 채 1892년에 공사를 시작했으나 얼마 못 가서 중단된다. 지반이 불안하여 타워의 안정성에 대한 의문이 제기되었고, 기초공사를 다시 하기에는 자금이 모자랐던 것이다. 왓킨스 타워는 결국 47미터 높이의 1층까지만 완성된 채로 방치되었다가 1907년에 완전히 철거된다. 현재 그 자리에는 잉글랜드 축구 국가대표팀의 홈구장인 웸블리 스타디움이 들어서 있다.

실패한 그레이트 타워 프로젝트는 그 당시 영국이 프랑스의 에펠탑을 얼마나 민감하게 의식하고 있었는지를 잘 보여준다. 19세기의 초강대국이었던 두 나라는 군사력뿐만 아니라 산업의 발전을 두고도 치열하게 경쟁했던 것이다. 1889년 에펠탑의 건설로 프랑스는 이 경쟁에서 우위를 차지하지만, 사실 그 이전까지는 계속해서 영국이

fig.3 1층만 완성된 채 공사가 중단된 왓킨스 타워의 모습.

fig.4 웸블리 파크의 광고 팸플릿. 멀리 보이는 왓킨스 타워는 세워지지 못했다.

더 앞서나가고 있었다. 이 총성 없는 산업 전쟁이 본격적으로 시작된 1851년 런던으로 눈길을 돌려보자.

런던 만국박람회

19세기 유럽의 역사를 한마디로 표현한다면 그건 '엄청난 폭발력'일 것이다. 프랑스혁명 이후 민주주의에 대한 요구가 점점 높아지며 정치적 혼란이 가중되었고, 왕당파와 공화주의자가 엎치락뒤치락하며 권력을 차지했다. 영국, 프랑스, 독일 등의 강대국들은 유럽 내부에서의 전쟁을 피하고, 아시아와 아프리카의 식민지 확장에 더 집중하는 추세였다. 사회적으로는 농경과 수공업 중심의 사회에서 자본주의적이고 산업화된 사회로의 개편이 이뤄지고 있었다. 18세기 중엽 시작된 산업혁명은 유럽에서는 이미 정착기에 들어서 있었고, 기술의 발달에 의한 대량생산은 노동자와 자본가라는 새로운 계층을 만들어냈다. 바야흐로 근대화의 시대였다.

방직업을 중심으로 시작된 산업혁명은 증기기관을 이용한 철도산업과 제철업 분야로 빠르게 확장되었다. 철광석을 녹여 철을 생산하는 산업인 제철업은 이미 14세기부터 용광로의 발명으로 큰 혁신을 이루었는데, 특히 영국은 전통적으로 제철업이 발전한 나라였다. 18세기 초반에 이르자 철강업은 영국 공업의 3분의 1을 차지할 정도로 규모가 커졌고, 그 분야에 종사하는 노동자 수가 20만 명에 달할 정도였다. 당시에 생산되던 철은 목탄, 즉 나무 땔감을 연료로 한 용광로에서 만들어지는 주철이었다. 호황을 누리던 영국의 제철업은 그러나 18세기 초반 위기에 빠진다. 부족한 산림에도 불구하고 무차별적으로 벌채를 계속해온 결과, 더이상 숯으로 쓸 나무를 구할 수가 없게 된 것이다. 풍부한 광석이 매장되어 있음에도 불구하고 숯을 만들 장작이 부족하여 철을 생산할 수 없었다. 그러나 영국인들은 이 문제를 현명하게 해결했다. 끈질긴 연구 끝에 야금용 연료를 목탄에서 석탄으로 전환하는 데 성공한 것이다. 당시 생산되던 주철은 가격이 싸고 쉽게 융해되어 주물에 쓰기 편리했지만 잘 깨진다는 단점도 있었는데, 이러한 문제를 보완한 연철과 강철의 대량생산이 가능하게 되었다.

산업에서 영국의 독주는 19세기 초반까지 계속된다. 영국은 1779년부터 주철로 만든 철도 교량을 건설하기 시작해서 1800년에는 이미 30여 개의 주철 다리가 세워지며 영국 내 철도망은 기하급수적으로 확장된다. 1789년 대혁명 이후 계속해서 정치적 혼란을 겪은 프랑스에서는 1837년이 되어서야 최초의 기차역이 건설되었다는 사실과 비교해보면 영국의 기술력은 프랑스에 반세기 정도 앞서 있었던 것이다. 주목할 만한 점은 당시부터 철이 돌이나 나무를 대신해 건축 구조물에 사용되기 시작했다는 사실이다. 목재로 만든 건축물은 화재의 위험성이 있었고, 돌로만 쌓아 건물을 짓는 데에는 시간과 비용이 너무 많이 든다는 단점이 있었다. 반면 철근 구조물로 건물의 뼈대를 만들면 훨씬 쉽고 빠르게 건물을 세울 수 있었다.

거대한 대영제국을 건설하고 세계적으로 가장 진보한 기술력을 보유했던 빅토리아 여왕 시대의 영국은 자국의 위용을 세상에 적극적으로 뽐내고 싶어했다. 그들은 '뽐내기의 장'을 만들어 그 누구의 눈치도 보지 않고 자유롭게 국력을 자랑하고 싶었는데, 그 결과가 바로 만국박람회였다. 19세기 중반의 유럽에서는 특정 지역이나 나라에서 농공업 제품 전시회를 여는 일이 종종 있었는데, 영국의 계획은 이를 뛰어넘어 국경을 초월한 역대 최대 규모의 박람회를 연다는 것이었다. 1993년 대전 엑스포나 2012년 여수 박람회의 원조 격인 1851년 런던 만국박람회의 표면적인 목표는 농업과 공업에 관련된 전 세계 과학기술의 전시장이자, 각 나라의 문화와 정보를 교환하는 축제의 장을 마련한다는 것이었다. 하지만 이 박람회의 본질적인 목표는 최신 공법과 재료로 지은 거대한 건축물들을 새로운 기계들과 식민지에서 착취해온 다양한 볼거리로 가득 채워 영국의 국력을 과시하고 다른 나라의 기를 죽이는 것이었다. 전시뿐만 아니라 구매 계약까지 맺을 수 있도록 장려함으로써 부가적인 수입도 올릴 생각이었다.

전 세계에서 모여들 관람객들의 기를 확실하게 죽이기 위해서는 영국의 명성에 어울리는 으리으리한 건축물이 필수적이었고, 온실 건축 전문가인 조지프 팩스턴Joseph Paxton이 설계한 박람회의

fig.5 수정궁은 규격 사이즈의 주철 골조와 유리판을 사용해 단기간에 조립되었다가 박람회 종료 후 해체됐다. 1854년, 런던 남부의 시드넘에 재건했으나 1936년에 화재로 소실되었다.

주 전시관 '수정궁Crystal Palace'은 이러한 역할을 충실히 수행했다. 건물 전체가 철근 구조와 유리로만 이루어진 길이 564미터, 폭 124미터, 높이 약 40미터의 거대한 이 궁전은 오늘날에도 상상하기 힘들 정도의 장관을 연출했다. 밝고 투명한 빛이 유리를 통해 수정궁 안을 가득 채웠고, 사람들에게는 그 안에 놓인 10만 점의 전시물보다도 수정궁 자체가 더 흥미롭게 느껴졌다.

19세기의 프랑스

영국이 세계 최초의 만국박람회를 성공적으로 치러낸 1851년 당시 프랑스는 제2공화정의 연속된 정치적 실패로 홍역을 치르고 있었다. 시간을 거슬러올라가보면 1789년, 흔히 대혁명이라고 불리는 역사상 유례없이 큰 규모의 민중 봉기 이후 프랑스는 약 반세기 동안 혁명의 소용돌이 속으로 빠져들게 된다. 1789년에 프랑스의 첫 공화정이 선포되었고, 혁명의 기치를 앞세워 전 유럽을 정복하려 했던 나폴레옹에 의해 1804년 제1제정이 성립된다. 그후 1815년, 나폴레옹의 워털루 전투 패배로 부르봉 왕가에 의해 왕정이 복고되지만 프랑스 민중은 아직 혁명을 멈출 생각이 없었다. 1848년 2월혁명은 다시 왕정을 파기했고, 이로써 제2공화정이 시작되었다.

프랑스의 제2공화정은 여러모로 한국의 제2공화국과 비슷하다. 이승만 대통령 하야 후 내각책임제로 출범한 대한민국 제2공화국이 채 1년도 지속되지 못하면서 대한민국 역사상 가장 짧은 공화국이라는 오명을 얻게 된 것처럼, 프랑스의 제2공화정도 현재의 제5공화정에 이르는 프랑스 공화정 중 가장 짧은 기간 동안 유지되었던 정권이다. 또한 한국의 제2공화국이 5·16 쿠데타에 의해 끝을 맞이한 것처럼 프랑스의 제2공화정도 1851년 쿠데타로 인해 해산되었다. 다만 한 가지 다른 점은 쿠데타를 주동한 인물이 별 두 개 단 장군이 아닌 당시 프랑스의 대통령이었던 루이 나폴레옹이었다는 것이다. 그는 유럽의 정복자 나폴레옹 보나파르트의 조카임을 내세워 대중의 지지를 얻으며 제2공화국 체제하에서 치러진 대통령 선거에서 승리했다. 하지만 그의 권력욕은 4년의 대통령직 임기로 채워질 수 없었다. 그가 1851년 12월에 일으킨 쿠데

fig.6 권력욕이 컸던 나폴레옹 3세.

타는 매우 성공적이었고, 주변 국가들을 정복한 나폴레옹 시절의 향수에 젖어 있던 프랑스 국민 대부분은 그의 쿠데타를 반겼다. 이러한 대중적 지지에 힘입어 루이 나폴레옹은 1852년 2월, 제2제정을 선포하고 스스로를 황제 나폴레옹 3세로 승격시킨다. 그렇게 시작된 제2제정은 20년 동안 비교적 평화적인 상태에서 유지되었고, 프랑스가 산업 강대국으로 거듭날 수 있는 정치적 토양을 마련하게 된다.

오스만의 파리

루이 나폴레옹의 권력에 대한 의지는 대단했다. 그는 1830년과 1840년에 걸쳐 이미 두 번의 쿠데타를 일으켜 실패한 전적이 있었지만, 이에 굴하지 않고 1850년 세번째 쿠데타를 일으켜 결국 절대권력을 장악하는 데 성공한다. 쿠데타에 실패하고 겪었던 런던에서의 망명 생활은 그에게 프랑스의 근대화가 영국에 비해 얼마나 뒤처져 있는지 깨닫게 되는 계기를 제공한다. 그는 프랑스가 오랜 혁명의 불길 속에서 너무 많은 시간을 지체했다고 판단하고 산업과 경제의 성장을 이룩하는 데 큰 관심을 쏟았다. 프랑스에 수많은 공장이 세워지고 본격적으로 철도가 깔리기 시작한 것도 그가 통치한 제2제정 시기이다. 야심 많은 황제는 무엇보다도 파리를 전 세계에서 가장 근대적인 도시로 탈바꿈시키고 싶어했다. 새로운 하수도와 송수관을 설치하고, 교량과 철도 등을 건설하는 것만으로는 충분하지 않았다. 그는 파리에 아직까지 남아 있던 복잡한 중세시대의 흔적을 지워버리고 넓은 대로들이 쭉쭉 뻗어나가는 도시를 상상했다. 도시의 전반적인 표정을 바꾸고 싶어했다. 이를 실현하기 위해 황제는 1853년 7월 22일, 유능한 행정관료인 오스만 남작을 파리 도시개조 작업의 책임자로 임명하고 그에게 막대한 권한을 부여한다.

인류의 역사상 유례없는 도시계획이 전문적인 도시계획가나 건축가가 아닌 행정관료에 의해 진행되었다는 것이 조금 의아할 수도 있겠다. 하지만 이 계획에 예상되는 어려움을 생각해본다면 이는 실로 현명한 판단이었다는 시선도 존재한다. 신도시 계획처럼 아무것도 없는 허허벌판에 새로운 도시를 세우는 것은 오히려 쉽다. 일명 타불라 라사Tabula Rasa라 불리는 도시적 백지상태는 수많은 건축가들에게 꿈의 스케치북이다. 하지만 오랜 역사를 가졌고, 수많은 시민들이 일상생활을 영위하고 있는 도시를 전면적으로 개조하는 일은 훨씬 어렵다. 물론 재개발과 재건축이 일상적인 오늘날의 한국 사회에서는 크게 대수롭지 않은 일일 수도 있겠으나, 그 당시 파리 시민들의 정서로는 상상하기 힘든 일이었다. 크고 작은 변수들이 프로젝트의 실현을 가로막을 것이 쉽게 예상되는 상황에서, 이 사업을 제대로 이끌 수 있는 사람은 절대적인 권위와 추진력을 지닌 행정가일 수밖에 없을 것이라고 황제는 판단했다. 그리고 오스만은 이러한 일에 딱 어울리는 사람이었다. 오스만은 권위적이고 지칠 줄 모르며 멈추지 않고 일하는 사람이었다. 황제의 절대적인 신임을 받으며 자신만만하게 일처리를 해나갔다. 그는 파리를 개조하는 것을 전쟁의 일종이라 생각했고, 자신을 위해서 일하는 이들을 가리켜 '파리를 점령하고 도심을 개방하라는 진군 명령을 받은 군대'라고 표현하기도 했다. 이러한 언급은 1960년대 불도저 시장이라고 불렸던 김현옥 전 서울시장의 '싸우면서 건설하자'라는 구호를 연상시키기도 한다. 김현옥이 박정희 대통령의 지지를 받으며 서울의 판자촌을 밀어붙였던 것처럼, 오스만은 절대권력의 독재자 나폴레옹 3세의 가호 아래 열정적으로 파리 개조에 몰두했다.

물론 오스만이 불도저 시장처럼 막무가내로 밀어붙이기식의 난개발을 자행했다면 파리는 오늘날과 같은 세계적 명성을 누리지 못할 것이다. 1960년대의 한국이 오랜 식민 지배와 전쟁의 그늘에서 완전히 벗어나지 못한 약소국이었음에 비해 1850년대의 프랑스는 유럽의 강대국이었다. 물질적, 정신적 여유가 있던 상황에서 오스만은 김현옥 시장보다는 좀더 현명한 대안을 제시할 수 있었다. 오스만의 큰 장점 중 하나는 자신이 행정가이지 도시 전문가가 아님을 인정하고 전문가들의 말에 귀를 기울일 줄 알았다는 점이다. 그는 '도시계획 부서' '수도 공급과 하수시설 부서' '공원과 녹지시설 부서' 등 도시 개조에 필요한 별개의 행정부서를 설치하여 체계적인 행정 시스템을 구축했다. 특히 공원과 녹지시설 부서를 지휘한 아돌프 알팡Adolphe Alphand은 불로뉴, 뱅센, 몽수리, 뷔트쇼몽 등 오늘날에도 파리 시민들의 사랑을 받는 훌륭한 공원들을 직접 설계하기도 했다.

약 17년에 걸쳐 장기간의 도시 재개발이 체계적으로 진행되었고, 그 결과는 놀라웠다. 우선 파리의 근교를 흡수해 도시의 기본 면적을 확대했고, 총 3만여 채의 낡은 건물들을 헐어낸 자리에 새로 건설된 넓은 도로들이 시내 곳곳으로 쭉쭉 뻗어나갔다. 하수시설은 현대화되었고, 길거리에는 가로등이 세 배로 늘어 파리의 야경을 아름답게 장식했다. 새로운 행정관청, 병원, 시장이 도심 곳곳에 생겨났고, 센 강에는 13개의 커다란 다리를 놓아 도시 기반을 개선시켰다. 오늘날에도 파리 최고의 명소로 손꼽히는 파리 오페라극장의 건설을 지시하고, 옛 부르봉 왕가의 궁정이었던 루브르 궁을 박물관으로 전환시킨 것도 바로 오스만이었다.

그러나 그 무엇보다도 오스만의 가장 큰 업적은 파리에 통일성을 부여했다는 것이다. 오스만 이전의 파리에는 다양한 건축양식으로 지어진 중세시대의 목조 건축물과 그 이후의 석조 건축물이 아무런 규칙 없이 마구 뒤섞여 있었다. 오스만은 이런 건물들을 모조리 철거해버리고 '오스만 양식'이라 불리는 통일된 양식의 건물로 대체한다. 총 7층으로 이루어진 오스만 양식의 건물은 3층과

6층에 철제 발코니가 달려 있고, 7층은 망사르드 지붕mansard roof* 형식의 다락방으로 특징지어지는데, 오늘날 파리에서 볼 수 있는 대부분의 석조 건축물은 이 오스만 양식으로 지어진 것이다.

fig.7 전형적인 오스만 양식의 건물.

당시 오스만의 파리 개조에 대한 평가는 엇갈렸다. 영국이나 벨기에 같은 주변국들은 근대화된 파리의 모습에 매혹되어 자신들의 수도에서도 도시 재개발 사업을 추진했다. 반면 프랑스의 동시대 지성인들의 생각은 달랐다. 우선 좁은 골목길을 파괴하고 대로로 대체한 것은 얄팍한 정치적 계산이라는 비판이 가장 컸다. 영화 〈레 미제라블〉에서도 볼 수 있듯이, 혁명 시기의 프랑스 민중이 봉기할 때 가장 우선적으로 하는 일은 바로 좁은 길을 가로막고 바리케이드를 세워 왕당파 군인들의 진입을 막는 것이었다. 하지만 폭이 넓은 새로운 대로에는 더이상 바리케이드를 세우는 것이 불가능했다. 두번째로 개조 공사가 너무 빨리 진행되

* 프랑스의 건축가 프랑수아 망사르François Mansart가 고안한 지붕으로, 용마루 쪽은 완만하다가 처마 쪽에서 급격하게 꺾이는 2단 경사 형식이다.

fig.8 사진가 외젠 아제트가 찍은 19세기 후반 파리 빈민촌의 모습.

는 것에 대한 불만도 많았다. 보들레르는『악의 꽃』에서 "도시는 인간의 마음보다 더 빨리 변화하고, 사건들의 흐름을 따라 고요히 작용하지 않는다"며 이러한 속도 지상주의를 비판하기도 했다. 프랑스의 가장 권위 있는 문학상인 공쿠르 상의 시조인 공쿠르 형제도 오스만이 무자비하게 뚫은 새 대로들이 '아메리칸 바빌론'을 연상시킨다고 말했다. 이렇듯 오래된 건물들이 보존되지 않고 무차별적으로 파괴되었다는 사실이 많은 이들의 마음을 아프게 했다. 특히 대표적인 중세풍 지구였던 시테 섬에서 노트르담 대성당을 비롯한 몇몇 대형 건축물 이외의 모든 건물을 철거하고, 그곳에 살고 있던 1만 5천여 명의 가난한 노동자 계층을 길거리로 내쫓아버린 사건은 많은 이들을 분노케 했다.

나폴레옹 3세는 노동자 계층을 '유목하는 대중'이라 부르며 체제에 대한 큰 위협이라 생각했는데, 파리 내의 빈민촌을 철거하는 과정에서 그곳의 거주민들을 파리 외곽으로 쫓아내기만 했을 뿐, 아무런 생계 수단도 제시하지 않는 무책임한 모습을 보이기도 했다.

정치적 경제적 명목하에 소외 계층을 배제하는 일은 19세기의 파리에서도, 20세기 후반의 서울에서도, 21세기의 상파울루에서도 반복적으로 일어난다.

오늘날 오스만의 파리에 대한 평가는 비교적 긍정적이다. 비록 중세 파리의 흔적을 찾아보는 것이 거의 불가능해지긴 했지만, 대로에 길게 늘어선 오스만 양식의 건물들이 만들어내는 일정한 스카이라인은 많은 이들의 찬미의 대상이 된다. 또한 역사적 건축물 보존의 차원에서도 오스만의 손을 들어주는 견해가 우세하다. 만약 오스만이 파리 개조 작업을 진행하지 않았더라면 예전의 파리는 더욱 완전하게 파괴되었을지도 모른다는 것이다. 서울이 너무 급격한 근대화 과정을 거치면서 다양성은 있지만 역사성과 통일성은 없는 도시가 되어버린 것처럼 파리도 오스만이 재빨리 손을 쓰지 않았더라면 운치나 개성이 없는 그저 그런 도시가 되어버렸을지도 모른다.

1855년 파리 만국박람회

오스만을 통해 파리 사업을 시작하긴 했지만 나폴레옹 3세의 마음은 조급하기만 했다. 그는 하루빨리 삼촌 못지않게 영광스러운 과업을 이루고 싶었다. 더군다나 1851년 런던 만국박람회의 커다란 성공은 프랑스인들에게 경각심을 불러일으켰다. 국가적 자부심 면에서 우세한 위치를 되찾을 필요성을 절감한 황제는 1855년 파리에서 런던의 뒤를 이어 제2회 만국박람회를 개최하기로 결정한다.

만국박람회를 개최하려는 의도의 이면에는 이제 어느 정도 영국의 제철기술을 따라잡았다는 계산이 있었다. 프랑스 정부는 국내 최고의 이공계 명문인 에콜 폴리테크니크École Polytechnique를 졸업한 수재들을 대거 영국으로 보내 이른바 '산업 스파이'의 임무를 수행토록 했다. 당시 영국에서 제철기술은 일급비밀에 속했는데, 고급 엔지니어의 신분을 숨긴 이들은 영국 공장에 단순 노동자로 잠입해 들어가 밤을 새워가며 설계도를 베끼고 기계를 해부하며 익힌 기술을 본국으로 들여왔다. 이들의 맹활약에 힘입어 프랑스의 제철기술은 1850년을 기점으로 영국을 따라잡게 되었다.

이런 시점에서 1855년 파리 만국박람회는 런던 박람회의 성공을 뛰어넘기 위해 비장의 무기 두 가지를 준비했다. 첫번째는 예술 전시관이었다. 농업과 공업 분야에서 영국을 압도하는 혁신적인 기술력이 부족하다는 것을 알고 있던 프랑스는 당대의 유명 작가인 프로스페르 메리메와 화가 외젠 들라크루아 등의 예술가로 이루어진 예술전시 담당 부서를 꾸린다. 두번째 비장의 무기는 수정궁을 능가할 환상적인 주 전시관의 건설이었다. 런던 박람회 대성공의 일등공신이 수정궁이었다는 점에서 주 전시관의 설계는 매우 신중히 다뤄져야 했다.

수정궁의 맞수로 프랑스가 야심차게 선보인 건물은 '산업의 궁전'이라 불렸다. 건축가 빅토르 비엘Victor Viel과 엔지니어 알렉시 바로Alexis Barrault가 설계한 이 건물은 길이 250미터, 폭 110미터, 높이 35미터의 전형적인 고전주의 양식의 건물이었다. 설계는 준수했다. 하지만 이 건물은 그동안 많이 봐왔던 석조 건축물과 다름없었다. 유리로 만든 수정궁에 비해 애초부터 대중의 이목을 끄는 파격이 없었던 것이다. 심지어 공사 과정 또한 원활하지 않게 흘러갔고, 결국 박람회 개막식에 맞춰 완공도 하지 못했다. 완공 후에도 문제는 계속됐다. 엄청난 양의 출품작을 수용하기에는 규모도 턱없이 작았고, 환기도 잘 안 됐다. 박람회의 전체 참가 인원도 런던 박람회에 비해 턱없이 모자랐다. 프랑스의 위상을 높이려던 시도는 결국 실패로 끝나고 만다.

fig.9 준수한, 그러나 깊은 인상은 주지 못했던 산업의 궁전.

후일담

세 번의 쿠데타 끝에 권력을 잡은 끈질긴 성격의 나폴레옹 3세는 런던을 능가하는 성공적인 박람회를 실현하겠다는 욕심을 포기하지 않고 1867년 또 한번의 박람회를 개최한다. 오스만의 파리 근대화 사업이 막 끝난 시점이었고, 사람들은 파리의 아름다움에 탄복했다. 그러나 1867년 박람회는 1855년의 박람회와 마찬가지로 세계인에게 깊은 인상을 남기는 데 실패한다. 세 번의 시도 끝에 쿠데타를 성공한 것처럼 한 번의 기회가 더 있었더라면 그는 정말 성공적인 박람회를 개최할 수 있었을지도 모르겠다. 하지만 안타깝게도 외교정책에 능하지 못했던 나폴레옹 3세는 잘못된 판단으로 1870년 프로이센과 전쟁을 벌이게 되고, 허망하게 패배한다. 파리는 프로이센 군대에 포위당하고, 황제는 퇴위해 런던으로 망명했다가 3년 후에 죽는다. 정세가 혼란스러운 틈을 타 왕당파는 새 의회를 꾸린다. 파리 시민들은 날치기 정부가 맺은 굴욕적인 강화조약에 분노했고, 독일군이 철수한 직후 파리에서는 대규모의 소요사태가 일어난다. 정부는 베르사유로 도망가고, 파리의 혁명가들에 의해 코뮌이라는 민중 정권이 탄생한다. 하지만 제2제정 동안 혁명가의 피가 많이 옅어진 걸까. 코뮌의 시민군은 인도주의에 연연한 나머지 은행의 접수와 베르사유 공격을 미루었다. 반면 프로이센과 결탁하고 유럽 각국의 지

fig.10 파리 코뮌 이후 4구 리볼리 가의 전경. 뒤쪽으로 파리 시청의 모습이 보인다.

원을 받은 정부군은 1871년 5월 21일 파리로 거침없이 진격한다. 이후 일주일 동안 '피의 주간'이라 불리는 끔찍한 살육이 자행된다. 정부군은 오스만이 뚫어놓은 근사한 대로를 따라 이동하며 시가전을 벌여 수만 명에 이르는 시민군을 무자비하게 학살한다.

코뮌 기간 동안 정부에 대한 분노를 억제하지 못한 시민들은 파리 시청을 비롯한 많은 건축물을 파괴했고, 센 강은 시체로 넘쳐났다. 잿더미가 되어버린 파리에서 왕당파의 주도하에 제3공화국이 선포된다. 신생의 제3공화국은 1878년 또 한번의 만국박람회를 개최한다. 하지만 역시나 1851년의 수정궁을 따라잡을 만한 자랑거리는 만들어내지 못했다. 프랑스가 영국에 대한 콤플렉스를 극복하기 위해서는 또 한번의 만국박람회가 필요했다. 그리고 그 꿈은 1889년 에펠탑의 건설로 현실화된다.

2장

타고난 사업가 구스타브 에펠

la tour Eiffel

200프랑 속 구스타브 에펠

모든 나라의 화폐에는 그 나라를 대표하는 인물의 초상이 들어 있다. 2002년 유로화 통용 이전 프랑스에서 사용되던 200프랑짜리 지폐에는 에펠탑을 세운 구스타브 에펠의 모습이 인쇄되어 있었다. 스위스 출신의 화가이자 디자이너인 로저 푼트Roger Pfund의 작품인 이 세련된 화폐의 앞면에는 우선 에펠의 초상이 보이고, 그 배경에는 그가 건설한 대표적 교량인 가라비 고가교Viaduc de Garabit가 보인다. 그 왼쪽으로 파리 오페라극장을 설계한 것으로 유명한 건축가 가르니에Tony Garnier와 함께 작업한 니스 천문관측소의 단면이 있고, 왼쪽 구석에는 상공에서 내려다본 에펠탑을 표현한 녹색의 기하학적 도형도 보인다. 화폐의 뒷면에는 에펠탑의 하단부 모습이 보인다. 20년 전 내가 처음 에펠탑을 실제로 보았던 당시의 바로 그 모습이다. 네 개의 에펠탑 기둥 사이 저멀리로는 돔 양식 건물의 파사드façade*가 보인다. 과연 저 건물은 무엇일까?

©ECB

fig.11 2002년 EU 회원국의 화폐가 유로로 통일되기 전까지 쓰이던 프랑스 프랑의 200프랑 지폐 앞면(좌)과 뒷면(우).

나에게 처음 떠오른 대답은 샤요Chaillot 궁이었다. 에펠탑 북서쪽 언덕 위의 궁 한복판에 있는 트로카데로Trocadéro 광장으로 더 유명한 샤요 궁은 에펠탑을 구경하기 가장 좋은 전망대 역할을 한다. 배경에 에펠탑 전체가 나오도록 사진을 찍을 수 있는 가장 편리한 장소이기도 한 샤요 궁에는 1년 내내 관광객이 끊이지 않는다. 이렇듯 샤요 궁과 에펠탑은 최고의 피사체와 전망대라는 '단짝' 관계를 이루고 있다. 하지만 200프랑 속 건물과 샤요 궁을 비교해보면 궁금증은 증폭된다. 지폐 속의 건물은 르네상스풍의 돔을 자랑하는 데 비해 전형적인 신고전주의 양식의 샤요 궁에는

* 건축물의 중심적인 전면부.

돔이 있기는커녕 오히려 중앙 부분을 트로카데로 광장에 내주고 뻥 뚫려 있기 때문이다. 연대순으로 봤을 때도 1937년 만국박람회를 위해 세워진 샤요 궁이 1923년에 사망한 에펠을 기리는 화폐에 등장할 것 같지는 않다. 그렇다면 저 건물의 정체는 무엇일까? 혹자는 저 건물이 샤요 궁을 짓기 위해 1935년에 철거된 트로카데로 궁이라고 말하기도 한다. 1878년 만국박람회를 위해 지어진 트로카데로 궁은 시기적으로 에펠탑보다 먼저 건설되었기에 그러한 주장이 어느 정도 타당해 보이기도 한다. 하지만 이슬람 절충주의 양식으로 지어져 좌우 대칭을 이루는 첨탑이 마치 타지마할을 연상시키기도 하는 이 아름다운 트로카데로 궁 또한 화폐 속의 건물과는 사뭇 다른 모습이다. 이 문제의 정답을 맞히기 위해서 나는 '에펠탑과 트로카데로는 한 세트'라는 공식으로부터 벗어나야 했다.

결론적으로 이 건물은 에펠탑과 트로카데로가 만드는 축을 에펠탑 쪽으로 더 연장한 쪽, 즉 에펠탑을 중심으로 트로카데로와 마주보는 남서쪽에 위치한 육군사관학교다. 1780년 완공된 이 육군사관학교 건물은 에펠탑 이전부터 그 자리를 지키고 있었고, 르네상스풍의 돔 양식도 갖추고 있다. 1996년 발행된 200프랑 화폐에 에펠탑을 지을 당시에는 존재하지 않았던 샤요 궁을 그려넣기도, 현 시점에는 더이상 존재하지 않는 트로카데로 궁을 넣기도 애매한 상황에서 에펠탑과의 연관성은 조금 떨어지지만 항상

fig.12 트로카데로 전망대로 더 유명한 전형적인 신고전주의 양식의 샤요 궁(1937년 완공).

fig.13 이슬람 절충주의 양식으로 타지마할을 연상시키는 트로카데로 궁(1878년 완공).

그 자리를 지키고 있었던 육군사관학교 건물을 삽입한 것이다.

하지만 실제 육군사관학교 건물과 화폐 속에 표현된 건물을 비교해보자면 또다시 미세한 괴리가 있음을 감지할 수 있다. 현재 건물의 돔은 약간 뭉툭하여 조금 미숙하다는 느낌을 주는데, 화폐 속의 돔은 마치 바티칸의 성 베드로 대성당처럼 날렵하고 우아한 형태를 띠고 있는 것이다.

화폐에 나온 사진과 거의 같은 각도에서 찍은 1889년 만국박람회 당시의 사진을 보면 육군사관학교의 돔 위에 동상이 서 있는 것이 보인다. 어렴풋이 날개의 형태가 있는 것으로 보아 천사상으로 추정되는 저 동상은 그후 어떤 이유에선지 프랑스 국기로 대체되었는데, 동상이 없어진 돔은 뭉툭하고 완성되지 않은 듯한 느낌을 준다. 작은 동상 하나의 유무가 전체적인 파사드의 이미지를 좌우한다는 점이 흥미롭다. 2차세계대전 당시 파리를 점령한 독일군이 시내의 많은 동상들을 녹여서 공출했다고 하는데, 육군사관학교 돔 꼭대기의 동상도 그때 사라졌는지 모르겠다.

다시 화폐 속 그림에 집중해보자. 에펠탑과 육군사관학교 사이에 늘어선 가건물들과 수많은 인파들, 그리고 사람들의 의상—남자들은 검은 양복에 지팡이와 실크해트 차림, 여자들은 폭이 넓은 치마에 검은 양산 차림—을 통해 이 그림이 만국박람회 당시 에펠탑 하단부의 풍경임을 유추해낼 수 있다. 에펠탑이 만국박람회에서 소개된 것은 1889년, 1900년 이렇게 두 번인데, 이 화폐

fig.14 1780년에 완공돼 에펠탑 이전부터 지금까지 한자리를 지키고 있는 뭉툭한 돔의 육군사관학교.

fig.15 같은 육군사관학교 건물이지만 천사상으로 추정되는 돔 위의 동상 하나만으로 전체적인 파사드가 더 날렵해 보이는 효과가 있다.

에 그려진 풍경은 아마도 1889년 박람회가 아닐까 싶다. 프랑스 대혁명 100주년을 기념해 열린 1889년 만국박람회는 에펠탑이 대성공을 거둔 행사였고, 1900년에는 에펠탑에 대한 관심과 열기가 이미 많이 식어버렸기 때문이다.

1996년부터 발행됐던 이 200프랑 지폐의 주인공은 사실 에펠이 아니었다. 프랑스 중앙은행의 계획대로라면 새로운 200프랑의 모델이 되는 영광은 영화 발명 100주년을 기념하여 뤼미에르 형제에게로 돌아갈 예정이었다. 하지만 2차세계대전 당시 나치와 비시 정부에 협조했던 뤼미에르 형제를 화폐에 넣을 수 없다는 여론이 비등했고, 프랑스 은행은 결국 정치적 결함이 없었던 구스타브 에펠로 계획을 수정했다. 물론 엄격한 역사적 잣대로 판단한다면 그 또한 자유롭지 못할 수 있다. 프랑스 민중이 자유 수호를 위해 마지막 항전을 벌인 1871년 파리 코뮌의 '피의 일주일' 동안 에펠은 소극적인 태도를 고수하며 몸을 사렸다. 그리고 프랑스의 제국주의 정책에 편승해 어마어마한 부를 축적하기도 했다.

지폐를 다시 뒤집어 앞면에 있는 에펠의 초상을 좀더 자세히 들여다보자. 가장 눈에 띄는 것은 그의 눈이다. '철의 마법사'라 불릴 정도로 경이로운 철제 건축물들을 많이 건설한 이 위대한 건축가의 눈은 졸음에 잠겨 반쯤 감긴 듯하다. 좋게 말하면 골똘히 생각에 잠긴 듯한 표정이고, 어떻게 보면 조금 멍해 보이기도 한다. 무슨 생각을 하고 있는지 쉽게 짐작하기 어려운 눈빛이다.

개인적으로 그의 헤어스타일은 아주 멋있다고 생각한다. 오늘날의 미용 용어로 '브릿지'(부분 염색)를 한 것처럼 흰 머리카락 부분과 검은 머리카락 부분이 뚜렷하게 구분되어 있다. 굳게 닫은 입과 튼튼해 보이는 턱은 그가 강단 있는 성격의 소유자임을 짐작케 한다. 에펠탑 건설 당시 투자금이 모이지 않아 큰 위험 부담을 떠안으며 개인 자산을 쏟아붓는 힘든 결정을 내릴 때에도 그는 이 그림에서처럼 입을 굳게 다물고 깊은 생각에 빠진 듯한 표정을 지었을 것이다. 그의 귓불은 상당히 크고 두툼해 보이는데, 귓불이 크면 인정이 많고 인덕이 좋다는 옛말처럼 에펠은 주변 사람들에게 겸손하게 행동하고, 사람들의 재능을 제대로 간파해 인정해주는 덕스러운 사람이었다.

하지만 보는 관점에 따라 에펠이 우리가 흔히 상상하는 프랑스 남자의 모습과는 거리가 멀다고 생각할 수도 있겠다. '예술의 나라'로 알려졌다고 해서 프랑스 사람들이 모두 다 예술가일 수는 없겠지만, '프랑스 남자'라는 말에는 뭇 여성들의 마음을 설레게 하는 뭔가가 있는 것이 사실이다. 그들은 심약해 보이지만 섬세하고 심미적이고 지적인 분위기를 풍긴다. 에펠은 동시대를 살았던 『잃어버린 시간을 찾아서』의 마르셀 프루스트나 19세기를 풍미한 댄디 문인 로베르 드 몽테스키외 백작처럼 세련된 옷차림에 우수에 찬 듯한 눈빛의 소유자는 아니었다.

물론 자신을 치장하는 데 많은 시간과 노력을 쏟아붓던 파리

사교계의 유명한 댄디인 몽테스키외 백작 같은 인물과 건설 현장에서 활동하던 엔지니어 에펠의 외양을 비교하는 데는 무리가 있을지 모른다. 하지만 에펠로부터 프랑스인 특유의 지적인 날카로움보다는 듬직함과 근면성의 기운이 감지되는 것은 확실하다. 이는 어쩌면 그의 독일계 혈통 때문일지도 모르겠다. 독일인 고조할아버지로부터 물려받은 근면성실함과 꼼꼼함, 과학적 사고 능력은 구스타브 에펠이 엔지니어로 성공하는 데 크게 기여했다. 프랑스를 대표하는 건축물인 에펠탑을 설계한 구스타브 에펠이 독일계 가정 출신이라니 조금은 아이러니하게 느껴지기도 한다.

프랑스 지폐 중 500프랑에 새겨진 퀴리 부인(폴란드 태생)을 제외하고 20프랑의 드뷔시, 50프랑의 생텍쥐페리, 100프랑의 세잔은 모두 프랑스 태생이다. 하지만 구스타브 에펠의 경우와 마찬가지로 그들도 가계도를 조금만 거슬러올라가면 다른 나라의 혈통이 섞여 있을지도 모른다. 순수한 프랑스인은 그 어디에도 없다.

fig.16 마르셀 프루스트.
fig.17 로베르 드 몽테스키외 백작.

fig.18 500프랑 속 에펠의 표정은 딱딱한 반면, 이 기념우표에서는 에펠의 입꼬리를 조금 올림으로써 좀더 부드러운 인상을 부여했다.

에펠의 성장기

쾰른에서 남쪽으로 60킬로미터 떨어진 마르마겐Marmagen 지방 출신인 그의 고조할아버지 장르네 뵈닉하우젠Jean-René Bönickhausen은 18세기 초에 파리에 정착했다. 그는 곧 자신의 성을 불어에 잘 어울리는 에펠로 개명하여 장르네 에펠Jean-René Eiffel이 되었다. 이로써 먼 훗날 그의 고손자가 짓게 될 세계에서 가장 유명한 타워는 뵈닉하우젠탑이 아닌 에펠탑이라는 이름으로 불리게 되었다. 장르네 에펠은 자신이 살던 집 주인의 딸인 프랑스 여인과 1711년에 결혼했고, 그의 자녀들을 중산층의 파리지엥들과 결혼시키는 데 성공하며 점점 가문의 독일적 색채를 지워나간다. 에펠 가문은 직조업에서 성공을 거두게 되고, 에펠의 할아버지 대에 이르기까지 유명한 태피스트리tapestry 공장을 운영했다. 이러한 영향으로 후에 에펠은 태피스트리에 대한 애정과 자랑스러움을 표현하며 많은 작품을 수집하기도 했다.

그리스어와 라틴어에 해박할 정도로 학식이 있었던 에펠의 아버지 알렉상드르 에펠Alexandre Eiffel은 생기 있고 인정 많은 사람이었다고 한다. 나폴레옹 군대에 입대한 그는, 겨자로 유명한 프랑스 중부지방 부르고뉴의 디종에서 군 복무중에 카트린이라는 여성을 만나 1824년에 결혼해 디종에 눌러앉게 된다. 제대 후 그는 지방정부의 행정관으로 일했다고 하는데, 그의 직장이 비록 안정적이긴 했지만 경제적인 여유를 보장하지는 못했다. 에펠이 유복한 가정환경에서 자랄 수 있었던 것은 무엇보다도 그의 어머니 카트린 덕분이었다. 사업 지향적인 여장부였던 카트린은 집안의 번영에 크게 기여했는데, 그녀가 벌인 사업만 해도 목탄사업, 석탄사업, 양조업 등 다양했다. 사업이 번창함에 따라 일손이 부족해지자 결국 남편 알렉상드르가 공무원 일을 그만두고 부인의 사업을 도와야 할 정도였다. 그들은 곧 18세기에 지어진 디종의 작은 성에 살 만큼 부유해졌다. 그러나 에펠가는 엄격하고 보수적인 프랑스 지방사회에서 인정받을 만큼의 충분한 부는 쌓지 못한 것으로 보인다. 다른 귀족 가문들은 에펠가가 자신들과 동등한 위치에 있기에는 재산의 규모가 조금 부족하다고 생각했고, 심지어 성인이 된 구스타브가 보르도 출신의 여자와 결혼을 결심했을 당시에는 에펠가가 상류층이 아니라는 이유로 여자 쪽 부모가 반대하는 바람에 결혼이 성사되지 못한 일도 있었다. 훗날 에펠은 그의 자손들이 100년은 넘게 쓸 정도의 막대한 재산을 축적하게 되는데, 그 보르도 출신 여자의 잘난 부모는 땅을 치며 후회했을지도 모르겠다.

1832년 12월 15일에 태어난 구스타브 에펠은 학업에 열중하는 학생은 아니었다. 고등학교 1학년 때까지는 성적이 그리 좋지 않았고, 2학년 때부터 제대로 정신을 차리고 공부를 시작했다. 독일 이민자 출신 가문에서 시작해 나름대로 지방 유지급의 재산을 모은 에펠의 부모가 아들에게 거는 기대는 컸다. 자식이 좋은 대학에 들어감으로써 자신의 고된 인생이 보상받을 것이라는 부모들의 생각은 동서고금을 막론하고 별반 차이가 없는 듯하다. 그들은 구스타브가 오늘날에도 프랑스 최고의 명문대로 손꼽히는 에콜 폴리테크니크에 입학하기를 바랐다. 프랑스의 교육 시스템은 조금 특이해 일반적으로 이런 명문대에 들어가기 위해서는 고등학교를 졸업하고 명문 고등학교에 부속된 명문대 준비 과정을 1년에서 2년간 거쳐야 한다. '프레파prépa'라 불리는 이 명문대 준비 과정은 고등학교를 우수한 성적으로 졸업한 학생들에게만 입학이 허가되는데, 두뇌가 명석했던 18세의 에펠은 파리의 명문 생트 바르브 프레파에 입학하게 된다. 자신이 평생 살아온 지방 도시를 떠나 파리에서 처음으로 기숙사 생활을 하게 된 것이다.

하지만 그가 프레파 생활을 한 1850년대 초반의 프랑스는 정치적으로 불안한 시기였다. 훗날 에펠은 루이 나폴레옹이 쿠데타를 일으켰을 당시 대포 소리에 놀라 기숙사 방에서 몸을 덜덜 떨며 밤잠 이루지 못했던 그 시절을 회고하기도 했다.

에펠은 프레파에서 중간 정도의 성적을 유지했는데, 그가 최고의 명문대인 에콜 폴리테크니크에 입학하기를 바랐던 부모에게는 그리 성에 차지 않는 결과였다. 하지만 자신이 공부보다는 실용적인 부분에 능력이 있음을 일찍이 인지한 에펠은 그 정도의 성적에 만족하는 모습을 보였다. 이런 정신 상태였으니 당연히 2년간의 프레파를 마치고 치른 에콜 폴리테크니크 입학시험에 낙방했고, 에콜 상트랄Ecole Centrale이라는 학교에 진학하게 된다. 『에펠』의 저자 데이비드 하비는 그의 저서에서 상트랄을 '취업 교육에 치중하는 자유로운 분위기의 학교'로 묘사하며 마치 직업 대학교 취급을 했지만, 사실 상트랄 또한 프랑스의 대표적인 명문 공대이다. 에펠이 서울공대(에콜 폴리테크니크)에 불합격해 포항공대(에콜 상트랄)에 입학했다고 설명하면 이해가 빠를 듯하다. 참고로 에펠이 입학했을 당시 에콜 상트랄은 파리의 마레 지구에 위치한 대저택 오텔 살레Hôtel Salé 건물을 쓰고 있었다. 오텔 살레는 정원이 매우 아름다운 대저택인데, 현재는 피카소 박물관으로 쓰이고 있다. 에콜 상트랄은 학교의 규모가 커짐에 따라 1884년에 몽골피에르 가 근처로 옮겼다가 1969년에 다시 파리 외곽의 대규모 캠퍼스로 이전하게 된다.

오텔 살레에서의 대학 생활은 순조로웠다. 입시의 부담에서 벗어난 에펠은 엄청난 학업량에도 불구하고 즐거운 마음으로 학교를 다녔다. 2학년이 되어 야금술, 기계학, 토목공학, 화학 중 전공분야를 정해야 했던 그는 화학을 선택한다. 훗날 '철의 마법사'라고 불릴 사람에게 어울리지 않는 선택이라고 생각할 수도 있지만, 그에게는 당시 나름대로의 타당한 이유가 있었다. 에펠에게는 어렸을 적부터 가깝게 지낸 이모부가 있었는데, 자신의 전공을 화학으로 선택함으로써 자식이 없는 이모부의 공장을 물려받을 생각이었던 것이다. 확고한 공화주의자인 이모부는 보수적 성향이 강한 에펠의 아버지와 조금씩 마찰이 있었지만 조카 에펠에게는 훌륭한 인생의 길잡이가 되어주었다. 어린 에펠에게 수학의 실용적 가치를 비롯해 자유주의적 사상과 태도를 가르친 것도 바로 이모부였다. 하지만 대학 2학년생치고는 다분히 이해타산적이었던 에펠의 계획은 아쉽게도 무산되고 만다. 구스타브의 여동생과 공화정을 지지하는 젊은이의 결혼을 두고 대립하던 보수적인 아버지와 공화주의자 외삼촌의 관계가 완전히 갈라지는 상황에 이르면서 이모부와 에펠의 관계도 끝나버렸기 때문이다.

그러나 젊은 야심가 에펠은 낙담하지 않는다. 이모부의 화학공장 상속을 깨끗이 단념한 그는 1855년 대학 졸업 후 처남이 운영하는 주철공장에 무보수 도제로 들어가 주철사업의 기술, 경영,

재정에 대해 공부한다. 그는 자신이 철을 다루는 데 소질이 있음을 재빨리 깨닫게 된다. 1856년, 파리에 위치한 샤를 네프뵈Charles Nepveu의 공장에 비서로 취직한 에펠은 틈날 때마다 토목공학 공부에 열중했다. 학창시절의 수동적이었던 모습은 사라지고, 어느덧 자신이 원하는 분야를 찾아 열성적으로 공부하는 모습으로 새로 태어났다. 같은 해, 그는 서부철도회사로 자리를 옮겨 교량 제작에 대해 좀더 구체적인 지식을 쌓는다. 1857년, 그는 당시로서는 상당히 큰 규모였던 500미터 길이의 철도 교량을 짓는 보르도의 현장에서 근무하고 있었는데, 갑작스러운 사정으로 건설 현장의 책임자 자리가 공석이 되는 상황이 벌어졌다. 그리고 기회가 왔다. 학교를 졸업한 지 2년밖에 되지 않았지만 성실한 태도로 경영진의 신뢰를 쌓은 결과, 에펠이 새로운 현장 책임자로 뽑히게 된 것이다. 그는 이 행운을 놓치지 않고 자신의 임무를 훌륭히 완수해낸다. 에펠은 교량을 튼튼하고 멋지게 완공해냈을 뿐만 아니라, 점심시간에 포도주를 과하게 마신 인부가 작업중에 물에 빠지자 직접 뛰어들어 구조에 성공하는 영웅적인 일화까지 만들어낸다. 에콜 상트랄 출신의 젊은 구스타브 에펠은 이렇게 교량 건설업계에 서서히 이름을 알리기 시작한다.

만국박람회와 에펠

보르도에서의 성공적인 데뷔 이후 에펠은 출세가도를 달린다. 파리 만국박람회가 거듭 개최될 때마다 변화한 그의 기여도를 보면 건축 엔지니어로서의 입지가 점점 높아져갔음을 알 수 있다. 1855년 첫 파리 만국박람회 당시 에펠은 학교를 갓 졸업한 청년이었다. 어머니가 사준 입장권으로 박람회장에 들어가 '산업의 궁전'을 보며 아마도 그는 많은 영감을 받았을 것이다. 그러나 그때까지만 하더라도 자신이 훗날 만국박람회 역사상 가장 유명한 건축물을 만들 것이라고는 상상하지 못했을 것이다. 1867년 두번째 박람회 당시에 그는 기계 전시관 내부에 철골로 지어질 중앙 아치의 대들보 설계에 참여하게 된다. 이 회사 저 회사를 옮겨다니며 철도, 교량, 기차역 건설의 엔지니어 겸 현장감독으로서 몸값이 점점 오르던 시기에 개인 자격으로 참여한 것이었다. 그는 사실 운이 좋은 편이었다. 비록 10년차 베테랑이긴 했지만 아직 자기 회사를 직접 운영하는 상황이 아니었으므로 당시 박람회에서 상당히 중요한 위상을 차지했던 기계 전시관 건설의 일부를 맡는 것은 쉽지 않은 일이었다. 물론 건물 전체를 설계한 것은 아니지만, 당대의 엔지니어들에게는 박람회에 참여할 수 있다는 것만으로도 큰 영광이었을 것이다. 당시 그의 나이는 35세였다. 1878년 세번째 파리 만국박람회에 이르면 벌써 확연히 달라진 에펠의 위상을 확인할 수 있다. 그는 박람회장의 심장부인 샹드마르스Champ-de-Mars와 트로카데로 광장을 연결하고, 이에나 다리Pont d'Iéna 위를 가로지르는 거대한 규모의 철제 다리를 만들 것을 제안했다. 이미 존재하는 다리 위에 또하나의 다리를 덮어씌워 전시관으로 사용한다는 계획이었다. 규모로만 본다면 에펠탑과 맞먹는 이 프로젝트는 비싼 건설비용과 트로카데로 광장의 시야를 가린다는 이유로 거절당했다. 비록 이 획기적인 프로젝트를 실현시키지는 못했지만 에펠은 박람회에서 가장 중요한 전시관인 파리 시 전시관, 대 중앙홀, 기계 전시관의 설계에 참여한다.

1867년 박람회에서 1878년 박람회에 이르는 불과 11년 사이, 에펠의 지위는 소규모 공사에 참가하는 엔지니어에서 가장 중요한 전시관들을 설계하는 자리로 급상승했다. 심지어 그는 박람회 사상 유례없이 야심찬 계획들을 거침없이 제시하기도 했다. 11년이란 기간 동안 도대체 무슨 일이 있었던 것일까?

우선 1867년 박람회 이듬해에 에펠은 에콜 상트랄 후배인 독일 청년 테오필 세이리그Théophile Seyrig와 자금을 모아 20만 프랑의 자본을 보유한 에펠 회사를 설립하고, 파리 인근의 르발루아페레Levallois-Perret에 작업장을 세운다. 세이리그는 이론적인 설계를 맡고, 에펠이 현장 인솔과 인맥 관리 등을 맡았다. 이 환상의 듀오는 10년 이상 승승장구하며 프랑스와 식민지 도시들에 수많은 철도 교량과 군사 목적의 교량을 건설한다. 비록 대규모 공사들은 많지 않았지만 에펠 회사는 업계에서 점점 명성을 쌓아갔다. 이 듀오가 이룬 최고의 성과는 1875년 포르투갈 도루 강 위에 세운 마리아 피아교Maria Pia Bridge였다. 완공 당시 세계에서 네번째로 긴 다리였던 마리아 피아교는 빈틈없는 공학적 설계와 아름다운 외관으로 많은 이들의 찬사를 받았다. 이러한 성공을 바탕으로 1878년 박람회 당시 에펠은 당차게 자신의 의견을 피력할 수 있었던 것이다. 그가 제안했던 이에나 다리 위의 철제 교량은 바로 마리아 피아교를 그대로 본떠 만든 다리였다. 이 당시부터 에펠은 대중의 시선을 사로잡는 획기적인 건축물을 짓고 싶어했음을 추측할 수 있다.

마리아 피아교 건설과 박람회에서의 공로를 인정받아 에펠은 1878년 프랑스 정부가 수여하는 명예로운 레지옹 도뇌르 훈장을 받는다. 에펠탑을 세우기 10년 전에 이미 당대 최고의 엔지니어로서 공인을 받은 것이다. 치밀한 공학적 계산과 예술적 안목을 접목시킨 거대하고 아름다운 건축물들을 통해 대중에게 자신의 이름을 널리 알리고 싶어한 에펠의 야망은 이때부터 본격적으로 꽃피기 시작한다.

fig.19 에펠탑을 세우기 전 공학도로서 대중적 입지를 마련한 대표작 마리아 피아교.

fig.20 에펠이 제작한 하노이의 롱비엔Long Biên 다리. 보존이 잘 이루어지지 않아 많이 녹슨 모습이다. 현재 베트남에 에펠이 세운 교량은 대부분 파괴되어 사라졌다고 한다.

타고난 사업가

에콜 상트랄에서의 전공이 토목공학이 아닌 화학이었던 점에서도 알 수 있듯이, 에펠은 정식 엔지니어 교육을 받지 못했다. 물론 현장에서의 오랜 경험과 개인적인 노력, 그리고 타고난 과학적 감각 덕분에 그는 세밀한 공학 계산을 할 줄 알았고, 공학 도면을 정확히 파악해 문제점을 지적하고 해결책을 제시하는 능력이 있었다. 하지만 실질적인 설계는 같이 일하는 엔지니어들의 몫이었다. 초창기 동업자였던 테오필 세이리그나 훗날 에펠탑의 초안을 제시한 에밀 누기에Émile Nouguier와 모리스 쾨슐랭Maurice Koechlin 같은 엔지니어들, 그리고 전통적 의미의 건축가인 소베스트르Stephen Sauvestre 같은 인재들은 에펠에게 없어서는 안 될 중요한 조력자들이었다. 에펠의 가장 큰 장점은 설계에 있는 것이 아니라 바로 자신에게 필요한 사람들을 적재적소에 배치시키는 능력이었던 것이다. 그는 훌륭한 엔지니어들을 지휘했을 뿐만 아니라 현장의 인부들 또한 최고로 숙련된 고급 노동자만을 고집했고, 자신의 사업을 번창시키기 위해 필요한 사회 각계각층의 인사들과 좋은 관계를 유지했다. 에펠은 훗날 에펠탑의 건설 과정에서도 볼 수 있듯이 엄청난 추진력과 기민한 사업 본능으로 자신의 회사를 키워나갔다. 그리고 자신의 이름을 하나의 브랜드화하는 것이 자신의 업적에 대한 가장 효율적인 마케팅 방법이라는 사실

fig.21 자유의 여신상의 철골 구조 설계도.

fig.22 뉴욕 리버티 아일랜드에 위치한 자유의 여신상.

을 스티브 잡스보다 100년도 더 전에 이미 깨달았다. 프랑스혁명 100주년을 기념하기 위해 지은 타워에 굳이 자신의 이름을 붙여 '에펠탑'이라고 칭한 것에는 이러한 계산이 깔려 있었을 것이다.

영광스러운 1878년 만국박람회 이후 에펠은 파리의 유명 백화점 중 하나인 봉마르셰 백화점의 골조 공사, 국제적인 호평을 받은 프랑스 남부 오베르뉴 지방의 가라비 고가교, 프랑스 시민들이 자유의 철학을 담아 미국인들에게 선사한 자유의 여신상의 내부 철근 구조물 등 굵직굵직한 프로젝트들을 수행해낸다. 특히 조각가 프레데리크 바르톨디Frédéric Auguste Bartholdi와 함께 작업한 자유의 여신상을 통해 그의 명성은 업계를 넘어 일반인들에게도 널리 퍼져나가기 시작했다. 그러나 무엇보다도 에펠에게 많은 돈을 벌게 해준 것은 바로 프랑스의 식민지였던 코친차이나(현재의 베트남)에서의 사업이었다. 에펠은 직접 개발한 조립식 교량 시스템을 이용해 1881년부터 1884년까지 코친차이나에 100여 개가 넘는 교량을 공급해 100만 프랑이 넘는 수입을 벌어들였다. 100만 프랑은 빵 1킬로그램이 0.42프랑 하던 그 당시로서는 정말 천문학적인 액수였다.

에펠이 제국주의의 선봉자였기 때문에 식민지 건설산업에 뛰어든 것은 아니다. 그는 순전히 자본가적 계산에 입각해 사업을 벌인 것이었다. 그러나 결과적으로 여기에서 벌어들인 수입이 없었다면 훗날 에펠탑을 세울 재정적인 기반도 만들지 못했을 것이다.

이렇듯 식민제국에서의 착취를 기반으로 한 경제적 부흥을 통해 프랑스 사회는 이른바 '벨 에포크'(아름다운 시절)라 불리는 문화적 부흥기를 맞았다. 거기에는 수완 좋은 사업가 에펠이 있었다. 그리고 1889년 파리 만국박람회가 다가오고 있었다. 이제 파리는 인류 역사상 가장 유명한 탑을 전 세계 사람들에게 선보일 준비가 된 듯했다.

3장

철 vs. 돌
공학자 vs. 예술가

la tour Eiffel

높은 건축물의 역사

새처럼 하늘을 날지 못하는 인간에게는 높은 곳에 도달하려는 욕망이 숨어 있는 모양이다. 낮은 곳을 내려다볼 수 있는 높은 장소는 역사적으로 항상 지배와 숭배의 상징이기도 했다. 그래서 권력은 권력대로, 종교는 종교대로 높은 건축물을 세우려 했다. 가장 일반적인 예는 피라미드일 것이다. 기원전 2600년경 축조된 이집트 쿠푸 왕의 피라미드 높이는 147미터로 약 4천 년간 세상에서 가장 높은 건축물이었다. 이후 중세시대부터는 가톨릭의 성당들이 높게 세워졌다. 쿠푸 왕의 피라미드를 능가한 최초의 건축물은 160미터의 높이를 자랑하는 영국의 링컨 성당이다. 이후 1439년 142미터로 완공된 프랑스의 스트라스부르 대성당, 1880년 157미터로 완공된 독일의 쾰른 대성당 등이 줄을 이었다. 이러한 흐름을 깨뜨린 것이 바로 1884년 미국 워싱턴에 세워진 워싱턴 기념비였다. 미국 건국의 아버지인 조지 워싱턴을 기리기 위해 세워진 이 기념비의 높이는 169미터였다. 남북전쟁을 포함해 당시 미국 사회의 정치적 혼란 때문에 완공하는 데 36년이나 걸렸지만, 1889년에 에펠탑이 세워지기 전까지 5년 동안 세상에서 가장 높은 건조물이라는 영광을 누렸다. 워싱턴 기념비는 대성당처럼 직접적으로 종교적인 건축물은 아니었지만 자유와 독립이라는 민주주의적 가치의 숭고함을 드러내고 기억하기 위한 건조물이었다.

©J Thomas

fig.23 영국 링컨셔에 위치한 링컨 성당. 영국이 바티칸의 영향력으로부터 벗어나 성공회를 국교로 정하기 전, 전통적인 가톨릭 국가였던 시절에 지어졌다. 이 성당에는 세계에서 가장 높은 건물이라는 명성을 얻게 해준 첨탑이 있었다. 하지만 첨탑은 1540년대에 폭풍우로 파괴되었다.

그러나 높은 건축물들이 모두 이런 종교적 의미나 신성한 가치를 표현한 것은 아니다. 특히 산업화가 이루어진 19세기 서구의 도시에서는 자본의 요구에 부응하는 고층 건물들이 세워지기 시작했다. 주철 건축의 선구자인 제임스 보가더스James Bogardus가 1856년 뉴욕에 세운 숏 타워shot tower가 그 예이다. 치솟는 땅값 때문에 맨해튼에 마천루들이 우후죽순 생겨나기 시작하던 1890년대보다 무려 30년 앞선 1856년에 세워진 최초의 고층 건물인 숏 타워는 맨해튼과 브루클린을 이어주는 브루클린교의 브루클린 쪽 진입로 부근에 위치해 있었다. 왜 이 뉴욕 최초의 고층 건축물은 마천루들의 숲이라 불리는 맨해튼이 아닌 브루클린에 세워졌던 것일까?

2000년대에 들어 맨해튼의 비싼 집세를 감당하지 못한 젊은 예술가들이 모여들면서 점점 젊고 세련된 이미지를 얻게 된 브루클린은 사실 비교적 최근까지 뉴욕의 산업 중심지였다. 맨해튼이 월스트리트와 브로드웨이로 상징되는 경제와 문화의 중심지였다면, 브루클린에는 각종 공장들이 집중되어 있었다. 이런 공장지대에 세워진 숏 타워는 외관상의 유사성에도 불구하고 워싱턴 기념비와는 전혀 다른 맥락에서 축조되었다. 워싱턴 기념비가 미국의 독립영웅을 기념하고 자국의 정신적 신념을

©Turelio

fig.24 워싱턴 기념비는 숏 타워와 외향적 유사성을 띠지만 축조 배경과 전통적인 석조 건축물이라는 점에 차이가 있다.

fig.25 65미터밖에 되지 않는 숏 타워이지만 1850년대 뉴욕에서는 독보적인 높이를 자랑했다. 오른쪽에는 브루클린과 맨해튼을 이어주는 브루클린교가 보인다.

고취시키기 위한 정치적 목적에서 세워졌다면, 숏 타워는 순수한 산업적 목적에서 세워졌다. 이 건물은 단순한 공장 건물이었던 것이다.

산업의 기계화가 아직 일반화되지 않았던 시절, 총알은 일일이 수공업 방식으로 제조되었고, 당연히 그 제작 속도 또한 매우 느렸다. 건축업자이자 동시에 발명가였던 제임스 보가더스는 좀 더 빠르고 효율적인 방식으로 총알을 생산하기 위한 방법을 연구했는데, 그 결과가 바로 이 숏 타워이다. 일명 납 타워, 또는 탄환 제조탑이라고도 불리는 숏 타워는, 용해된 납을 물속으로 떨어뜨려 식히는 방식으로 총알을 만들어내기 위한 발명품이었다. 액체화된 소량의 납을 빠른 속도로 물속에서 냉각시켜 고체 형태로 굳히기 위해서는 높은 낙차를 이용해야 했는데, 바로 그런 이유에서 숏 타워는 65미터라는 그 당시로서는 이례적인 높이를 자랑하게 되었다. 숏 타워를 이용한 탄환 제조는 매우 효율적이었고, 새로운 탄환 제조법이 개발되는 20세기 후반까지 전 세계에서 널리 사용되었다. 보가더스가 만든 이 최초의 숏 타워는 1907년에 해체의 수순을 밟게 된다.

철제로 건설한 숏 타워의 탄생은 산업혁명 이후 전통과 진보의 가치 사이에서 갈피를 잡지 못하던 건축가들에게 새로운 재료의 사용에 대한 고민을 심화시키는 역할을 했다. 종교와 석조 건축의 시대가 막을 내리고 과학과 산업이라는 새로운 가치관을 따르는 철 건축의 시대가 다가오고 있었다.

1000피트 타워에 대한 열망

보가더스의 숏 타워는 비록 65미터에 그쳤지만, 19세기의 공학자들은 1000피트(약 300미터) 타워를 건설하는 데 몹시 집착했다. 아마도 그 당시에는 1000이라는 수치가 가지는 상징성이 중요했을 것이다. 300미터 건축물에 대한 계획을 처음 선보인 이는 보가더스 바로 전 세대의 영국 공학자 리처드 트레비식Richard Trevithick이었다. 증기 자동차를 개발한 것으로도 유명한 트레비식은 과학의 진보가 세상을 더 좋은 방향으로 바꿀 것이라 믿었던 낙관주의자였다. 그는 1833년에 주철로 된 300미터 높이의 전망대를 제안하고, 이를 실현시키기 위해 모금 활동을 벌이기도 했다. 애석하게도 모금 활동을 시작한 지 두 달 만에 사망하며 그의 프로젝트는 빛을 보지 못했지만, 그는 최초로 300미터 타워를 제안한 사람으로 역사에 기록된다.

fig.26 트레비식이 고안한 주철로 된 300미터 타워(1833).

300미터 건축물에 대한 두번째 프로젝트 또한 영국인에 의해 제안되었다. 1851년 하이드파크에서 열린 만국박람회를 성공적으로 치러낸 영국 정부는 박람회장으로 사용한 수정궁을 철거하고 그 자리에 새로운 형태의 건축물을 올릴 계획을 세운다. 많은 제안이 있었는데, 그중에 가장 주목을 끌었던 제안은 바로 건축가 찰스 버튼Charles Burton의 300미터 타워였다. 단순한 전망대였던 트레비식의 타워와는 달리 버튼의 타워는 철근 구조에 커튼월*로 이루어진 50층짜리 마천루였다. 세계 최초의 마천루 디자인으로 불리는 버튼의 타워는 그 당시의 기술력으로는 실현이 불가능한 상상 프로젝트에 불과했지만, 사람들의 건축적 상상력을 자극하는 작품이었다. 투명한 수채화로 그려진 버튼의 투시도는 과학의 발전이 이룩할 빛나는 미래에 대한 시대적 신념을 반영하듯 희망차고 아름답기 그지없다.

300미터 타워를 세번째로 제안한 사람은 미국 교량회사의 사장이자 엔지니어인 리브스Reeves와 그의 동료 클라크Clark였다. 교량회사를 운영하면서 수많은 주철 건축물을 설계하고 건설하며 실전에서 많은 경험을 쌓은 두 사람은 자신들이 설계한 타워를 센테니얼 타워The Centennial Tower라 명명했다. 이상주의자였던 선배 엔지니어들의 계획안보다 훨씬 실현 가능성이 높았던 이 계획 역시 재정적 문제로 무산되었다.

재미있는 점은 센테니얼 타워와 에펠탑 간의 유사성이다. 현실적 공학 계산에 입각해 설계된 센테니얼 타워는 외향적으로도 에펠탑과 흡사하다. 무게중심을 잡기 위해 하단부에서 위로 갈수록 점점 좁아지는 형태, 바람의 저항을 최소화하기 위한 철골 구조

* 건물의 하중을 지지하지 않고 외장용으로 기능하는 건물의 바깥벽. 유리 같은 가벼운 재질을 사용해 주로 초고층 빌딩 건축에 적용한다.

설계 등이 그러하다. 또한 에펠탑이 프랑스혁명 100주년을 기념한 1889년 만국박람회의 중심 건축물이었던 것처럼, 센테니얼 타워도 미국 독립 100주년을 기념한 1876년 필라델피아 만국박람회를 위해 계획되었다. 클라크와 리브스가 자신들이 설계한 타워를 '클라크 앤드 리브스 타워'가 아닌 100주년을 의미하는 '센테니얼 타워'라 이름 붙인 사실도 흥미롭다. 반면 에펠은 프랑스혁명 100주년과는 아무런 연관성이 없는 자신의 이름을 내걸고 당당한 모습을 보여주었다. 이런 자신감이 있었던 에펠은 재정적 부담을 스스로 떠안을 정도로 적극적이었고, 결국 타워 건립에 성공했지만 클라크와 리브스는 안타깝게도 자신들의 계획안을 실현시키지 못했다.

1830년대의 트레비식, 1850년대의 버튼, 1870년대의 리브스와 클라크. 우연의 일치인지 19세기의 공학자들은 20년 주기마다 새로운 1000피트 타워 계획을 제안했다. 이러한 인류의 1000피트 타워에 대한 열망은 비로소 1889년 에펠에 의해 실현된다. 한 세기를 관통하는 인

fig.27 리브스와 클라크의 센테니얼 타워 계획안. 트레비식이 그러했듯 타워를 피라미드와 비교한다는 점이 흥미롭다(1874).

류의 끈질긴 도전 정신이 새삼 대단하게 느껴진다.

공모전

앞서 말한 바와 같이 프랑스혁명 100주년을 기념하는 자리인 1889년 파리 만국박람회는 프랑스의 미래를 위해 매우 중요한 행사였다. 파리 코뮌 이후의 폐허 속에서 시작된 제3공화정의 지도자들은 프랑스가 오스만의 파리를 재건했으며, 자신들이 정치·경제·문화적으로 건재하다는 것을 세계에 알리고 싶어했다. 그 어느 때보다도 국가적 위상을 드높이는 것이 중요한 시기에 아직 아무도 성공하지 못한 1000피트 타워를 세움으로써 프랑스가 정치적 선진국일 뿐만 아니라 산업 강대국이기도 하다는 이미지를 심어주고자 했다. 이를 실현시키기 위해 당시 경제산업부 장관이자 1889년 만국박람회 조직위원장이었던 에두아르 로크루아Édouard Lockroy는 1886년 5월 샹드마르스에 세울 '300미터 타워를 위한 공모전'을 연다.

당시의 대중에게 300미터 타워는 상당히 익숙한 도전 과제였다. 그것이 실현 가능한지 아닌지 확실하지는 않지만 언젠가는 꼭 성취해야만 할 역사적 숙원처럼 여겨졌다. 이러한 분위기 때문이었을까, 16일이라는 짧은 공모 기간 동안 무려 700개의 프로젝트 제안이 로크루아에게 보내졌다.

에펠은 이 공모전에 보낼 시안을 마련하기 위해 서둘러 준비할 필요가 없었다. 에펠 회사 소속의 공학자 쾨슐랭과 누기에가 이미 1884년 6월에 300미터 높이의 타워 설계와 관련해 기술 특허를 따놓았기 때문이다. 설계 당시에는 큰 관심을 보이지 않았던 에펠은 공모전이 열리자 그들로부터 특허를 매입했고, 자기 휘하의 건축가인 소베스트르에게 미적인 부분을 좀더 보강하게 해 설계도면을 박람회 조직위원회에 제출했다. 에펠탑의 초안이 에펠의 손이 아닌 누기에, 쾨슐랭, 소베스트르에 의해 그려졌다는 사실은 조금 의아하게 생각될 수도 있겠다. 그렇다고 에펠이 부하들의 아이디어를 훔쳐 마치 자기 것인 양 행동하는 양심 없는 사람은 아니었다. 훗날 그는 공사에 대한 최종 검토와 실행을 지시한 것은 자신이지만 이 세 사람이 에펠탑 설계에 크게 기여했음을 공식적으로 인정하며 1인당 약 5만 프랑의 특별 수당을 지불하기도 했다.

오스만 시절부터 활약한 조경가이자 당시 파리 공사위원장이었던 아돌프 알팡 등의 유명 인사를 포함해 공학, 설계, 경영 부문의 쟁쟁한 전문가들로 이루어진 위원회가 설립되어 제시안 선별 작업을 시작했다. 700여 개의 설계안은 100개로 추려졌고, 에펠탑을 포함한 총 9개의 안이 최종 후보에 오르게 되었다.

에펠이 이 공모전에 참여하게 된 경위는 사실 확실하지 않다.

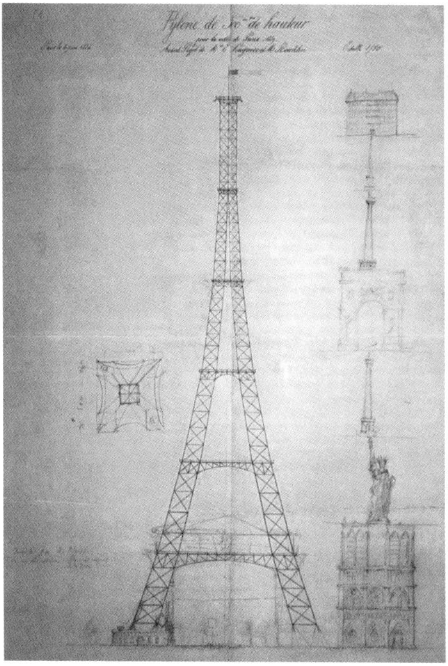

fig.28 1884년 6월에 쾨슐랭이 설계한 300미터 높이의 철탑. 건축가인 소베스트르가 훗날 장식적 요소를 추가하기 이전의 가장 기초적인 형태의 공학 도면이다. 5년 후 이 설계를 기초로 에펠탑이 건설된다.

아니, 이 공모전의 전체적인 진행 자체가 그리 투명하지는 않다. 오늘날 사용하는 컴퓨터 설계 시스템도 없던 그 시절에 16일 동안 700개의 참가작이 있었다는 부분부터 의구심이 든다. 박람회 조직위원회가 사전에 설계사무소들에 물밑 작업을 해놓은 것은 아닐까. 또는 300미터 타워의 건립에 대해 이전부터 관심을 가졌던 에펠의 회사가 이 공모전에 당선되기로 내정되어 있던 것은 아닐까 하는 생각이 들기도 한다. 물론 이런 나의 개인적인 생각들은 터무니없는 망상에 불과할지도 모른다. 그러나 설사 모종의 사전 거래가 있었다고 할지라도 에펠은 자신의 제안서가 불러일으킬 후폭풍에 대해서는 전혀 상상도 못했을 것이다. 바야흐로 철 대 돌, 공학자 대 예술가의 전쟁이 시작된 것이다.

철 vs. 돌

당시의 주류 건축은 고전주의 양식이었다. 서양에서 고전주의란 쉽게 말해 고대 그리스를 따르는 주의라고 설명할 수 있겠다. 서구문명의 근원지인 고대 그리스를 이상적 국가의 모델로 생각하는 것은 르네상스 이후 유럽의 전반적인 풍토였고, 건축 또한 고대 그리스의 방식을 모방하는 것이 최고의 가치로 여겨지던 시기였다. 파리에 위치한 국립 미술학교인 에콜 데 보자르École des beaux-arts 내의 건축대학은 20세기 초반까지 세계에서 가장 명성이 높은 건축대학이었는데, 그곳의 교육 또한 고대 그리스 건축양식을 기반으로 하고 있었다. 고대 그리스 문화의 재발견이 이뤄졌던 르네상스 시대의 도면들을 열심히 베끼는 것이 당시 보자르의 주된 건축 교육이었고, 이 도면 베끼기에 능숙한 학생들은 장학생으로 뽑혀 르네상스 건축의 진수가 보존되어 있는 이탈리아로 보내졌다. 아치, 기둥, 돔 등 고전주의 양식의 기본적인 구성 요소들은 기존에 확립된 법칙에 의해서만 설계될 수 있었고, 그러한 법칙을 잘 이해한 자만이 훌륭한 건축가가 될 수 있는 시기였다. 또한 고전주의 건축에서는 백색의 돌만을 사용하여 완벽한 통일감을 조성하는 것이 중요했는데, 큰 규모의 채석장이 많았던 파리에서는 손쉽게 석회암을 채굴해 건물을 세울 수 있었다. 덩어리째 캐낸 거대한 석회암은 현장에서 톱으로 쓱쓱 썰려 크고 작은 형태로 파리 구석구석을 채워나갔다.

사실 19세기 이전까지 유럽의 건축양식은 일관성이 있었다. 장식의 화려함과 구성 요소의 비율에 따라 로마네스크, 고딕, 바로크, 고전주의 등 주류 양식의 변천이 있었지만, 돌을 이용하는 석재 건축이라는 점에 있어서는 변함이 없었다. 훌륭한 건축의 기본은 돌로 지은 건물이었다. 이러한 건축의 패러다임은 산업혁명과 함께 변화하기 시작했다. 무거운 돌을 쌓아올려 벽을 세우고 건물을 짓는 것은 쉽지 않은 일이었고, 쌓아올린 돌들이 무너

지지 않게 하는 것은 더더욱 어려운 일이었다. 반면 철근을 이용해 골조를 만들면, 그 골조를 따라 돌들을 끼워넣기가 간단했다. 19세 후반에 에펠과 같은 공학자들이 활발히 활동할 수 있었던 것은 바로 이러한 연유에서였다. 돌은 더이상 건물의 구조적인 부분에 쓰이지 않았고, 철근으로 만든 구조를 가리는 장식용 마감재로만 쓰였다. 그러나 여전히 건물의 주인공은 돌이었다. 철근은 최대한 자신의 존재를 감추고, 마치 건물이 돌로만 쌓아올려진 듯한 분위기를 조성하는 데 집중했다. 보자르를 졸업한 건축가들은 돌로 만든 건물의 입면을 그려냈고, 공학자들은 그 건물이 최대한 돌로만 쌓아올려진 것처럼 보이게 철근을 사용하여 구조를 설계했다. 하지만 모든 영광은 돌과 건축가에게 돌아갈 뿐이었고, 철과 공학자는 그들에게 보이지 않는 수하 취급을 받았다. 철과 공학자는 교량이나 기차역, 철로와 같이 실용적이고 비예술적인 건설 분야에서만 주인공이 될 수 있었다.

이러한 상황에서 '한낱' 공학자에 불과했던 에펠이 프랑스의 영광을 전 세계에 널리 알려야 할 만국박람회의 한복판에 철근으로만 이루어진 300미터 타워를 세운다고 했을 때 일어난 질투와 반대는 실로 엄청난 것이었다. 그것은 마치 질투심과 의심으로 똘똘 뭉친 일가친척들(영국을 비롯한 주변 국가들)에게 결혼할 사람을 소개하는 자리에 자신의 약혼자(1000피트 타워)가 알몸으로 나타나는 것과 같은 일이었다. 수 세기에 걸쳐 자신의 가문에 종사한 노비 집안(엔지니어)이 어느 날 갑자기 두 눈을 부릅뜨고 모든 인간은 평등하다고 말하는 상황에 비길 만한 충격이었다. 1878년에 니스의 천문관측소를 에펠과 함께 설계하기도 한 당대의 대표적인 고전주의 건축가 가르니에는 철이 쓸모가 있긴 하지만 결코 그 어떤 '예술작품'의 일부가 될 수 없다고 생각했다. "철은 건방지고 무미건조하고 저속하여 수단은 될지언정 결코 목적이 될 수는 없다"라는 가르니에의 표현에서 에펠탑에 대한 그의 분노가 생생히 느껴진다. 가르니에는 자신의 설계를 실현하기 위해 '부차적인' 공학 계산 따위나 하던 에펠의 철탑을 이해하기에는 너무 보수적이었던 것이다.

이러한 분노는 건축가에게만 한정된 것이 아니었다. 당대의 교양 있고 학식 있는 전통주의자들의 눈에는 에펠의 설계안이 미학의 가치를 전혀 고려하지 않은 괴물처럼 보였다. 에펠의 제안이 실현된다고 확정된 것도 아니었건만, 그들은 거의 히스테리에 가까운 수준으로 에펠탑을 비난했다. 그들이 에펠탑의 대항마로 선택한 것은 최종 9개의 설계안 중 건축가 부르데Bourdais와 공학자 세비요Sébillot의 '태양탑' 프로젝트였다. 약 50미터 높이의 기단 위에 5층 석조 타워를 세운 총 300미터의 태양탑에는 거대한 전조등을 설치해 박람회 기간 동안 파리의 밤거리를 등대처럼 비추게 할 계획이었다. 태양탑은 화강암으로 이루어진 외관과 기둥, 아치, 돌 장식 등 고전주의 양식이 요구하는 모든 것을 갖춘 계획안이었다. 흥미로운 점은 전통주의자들의 구미에 딱 들어맞는 이러한 탑을 설계한 건축가 세비요가 에펠과 같은 에콜 상트랄 출신이라는 것이다. 고전주의 건축 명문인 보자르가 아닌 공학학교인 에콜 상트랄을 졸업한 그는 1878년 만국박람회를 위해 지은 트로카데로 궁을 설계했을 정도로 성공한 고전주의 건축가였다. 에펠의 2년 후배는 이렇듯 자신의 출신 성분을 완벽하게 세탁하고 에펠의 가장 큰 라이벌로 등장하게 된다.

하지만 태양탑은 실제로 세워지기에 구조적인 결함이 너무 많았다. 앞서 언급한 워싱턴 기념비는 태양탑 같은 석조 타워의 건립이 얼마나 힘든 일인지 잘 보여주는 예이다. 당시 무엇보다도 이 정도 높이의 구조물을 세울 때 가장 큰 문제점은 바로 바람의 영향이었는데, 태양탑의 경우 건물이 받게 될 풍압을 전혀 고려하지 않았다. 워싱턴 기념비가 건립되는 데 37년이나 걸린 이유에는 물론 남북전쟁도 있었지만, 무엇보다도 기술적으로 매우 까다로운 작업이었기 때문이다. 원래 180미터로 설계한 기념비가 169미터에 그치게 된 것도 같은 이유에서였다. 하물며 300미터 석탑에는 얼마나 많은 비용과 시간이 소요될지 확실치 않았고, 그 실현이 가능한지조차 불투명했다. 반면 에펠탑의 경우에는 바람에 대한 저항 계산이 설계의 가장 중요한 포인트였다. 바람의 저항을 받는 면을 최소화하기 위해 철근 구조물을 '거미집 형식Spidery System'으로 처리했다. 거미집 형식이란 트러스truss라 불리는 기본적인 철근 구조물만으로 이루어진 설계 방식인데, 이렇게 함으로써 바람은 탑의 철근 구조물 사이를 자유롭게 지나갈 수 있다. 에펠은 수많은 교량을 세우며 이 거미집 형식의 대가가 되었기에, 에펠탑을 세우는 데 기술적으로 아무런 문제가 없었다. 또한 재료도 탄성이 낮아 바람에 덜 흔들리는 연철鍊鐵을 사용하는 세심함을 보였다. 유연성이 높은 연철의 사용은 혹시 모를 지반의 진동에 대비한 선택이기도 했는데, 에펠은 탑이 70센티미터의 진폭을 견딜 수 있도록 설계했다. 1999년 시속 240킬로미터의 태풍이 왔을 때도 탑의 정상은 13센티미터밖에 움직이지 않았고, 1996년의 폭염 당시에도 18센티미터가 움직였을 뿐이다. 이외에 현대의 여러 계산으로도 에펠탑은 풍압의 저항에서 자유롭다는 점이 밝혀졌을 정도로 에펠의 공학적 안목은 뛰어났다.

에펠은 태양탑의 실현 가능성이 희박하다는 점, 에펠탑도 충분히 미적 감각을 충족시킨다는 점 등을 차분히 설명하며 자신의 계획안을 변호했다. 결국 1886년 6월 12일, 만장일치로 에펠탑이 1889년 만국박람회에 세워질 300미터 타워로 최종 결정이 되었다. 조직위원회는 "1889년 만국박람회를 위해 세워질 탑은 독특한 특징이 있어야 하며, 금속으로 된 독창적인 작품이어야 한다. 따라서 에펠탑만이 이러한 조건을 완벽하게 만족시키는 것으로 보인다"라고 선정 이유를 밝혔다. 선정 과정에는 파격적인 디자인의 에펠탑을 통해 파리를 찾은 외국인들에게 프랑스의 기술력을 과시하려는 심리가 크게 작용했을 것이다. 의욕에 찬 신생 공화정은 진취적인 자세로 미래를 맞이하고 싶었고, 철과 돌의 싸움에서 철의 손을 들어주며 자신들의 의지를 표명한 것이다.

4장

논란의 건축이 시작되었다

la tour Eiffel

기초공사

1886년 파리 만국박람회 조직위원회에 의해 에펠탑 건설이 승인되긴 했지만 에펠에게는 아직 넘어야 할 방해물이 많았다. 우선 재정적인 문제가 있었다. 조직위원회는 공모전 당선자인 에펠을 불러 예상 비용 650만 프랑 중 위원회가 부담할 수 있는 금액은 150만 프랑뿐이라는 무책임한 통보를 한다. 물론 이것은 조직위원회가 에펠의 경제적 능력을 신뢰했기 때문에 가능한 일이었을 것이다. 그들은 에펠이 교량 건설을 통해 이미 많은 부를 축적했고, 개인의 능력으로 탑을 세울 재정적 기반을 마련할 수 있을 것이라 판단했다. 아마도 에펠탑이 당선작으로 뽑힌 데에는 에펠이 타워 설계뿐만 아니라 재정적으로도 기여할 수 있을 것이라는 계산이 작용했을지도 모른다. 하지만 에펠의 입장에서는 얼마나 어이가 없었을까. 에펠이 만약 조금만 더 자신의 감정에 솔직하고 즉흥적인 사람이었다면 그 자리를 박차고 일어나 로크루아의 멱살을 붙잡고 지금 나랑 장난하는 것이냐며 화를 냈을지도 모른다. 하지만 에펠은 진중하고 계산적인 사람이었다. 그는 자신의 감정을 가라앉히고 조직위원회를 상대로 에펠탑의 유용성을 강조하며 끈질긴 설득 작업을 시작한다. 그는 에펠탑이 전략적, 기상관측적, 천문학적 의미에서 실용성이 있다는 내용으로 논문 수준의 글을 써가며 조직위원회를 설득하려 한다.

하지만 이런 그의 노력은 손 안 대고 코 풀겠다는 조직위원회의 비상식적인 태도 앞에서 힘을 발휘하지 못했다. 에펠탑이 과연 대중적으로 성공할 수 있을지 확신하지 못했던 조직위원회는 에펠이 공사 자금을 직접 해결하는 대신 향후 20년간의 입장료와 임대료를 비롯해 타워에서 발생하는 모든 수익금을 에펠 회사에서 수금하라는 개정안을 제시했다. 탑을 세우기 위해서는 별다른 도리가 없었던 에펠은 이 제안을 수락하지만 당장 500만 프랑을 충당해야만 했다. 노련한 사업가인 에펠은 현실적으로 생각했다. 그는 500프랑짜리 주식 1만 주를 공급하는 회사를 설립하고, 자신이 직접 은행 대출을 받아가며 5천 주를 사들인다. 에펠의 대담함과 통찰력이 빚어낸 용감한 결정이었고, 어떤 면에서는 그가 탑에 자신의 이름까지 붙여가며 큰 애정을 바쳤음을 알 수 있는 에피소드이기도 하다. 그는 탑의 건립에 너무나 많은 것을 건 것이다. 그 결과 1889년 박람회 기간에만 약 200만 명이 에펠탑을 방문해 800만 프랑의 이익을 내고, 에펠은 그 이후에도 어마어마한 부를 축적하게 된다.

재정적 문제를 해결한 에펠은 1887년 1월 1일, 에펠탑이 세워질 샹드마르스 인근의 토지와 에펠탑에 대한 20년간의 소유권을 넘겨받는다. 300미터 높이의 철탑을 세울 기초공사를 위해 현장의 토지 연구에 착수한 에펠은 두번째 문제에 봉착한다. 에펠탑에 할당된 부지는 서북쪽 방향으로 센 강이 인접한 곳이었는데, 지반이 단단한 동쪽과 남쪽에 비해 서쪽과 북쪽은 강에 너무 가까워 지질이 불안했던 것이다. 강물을 머금은 서쪽과 북쪽의 지반은 300미터의 구조물을 세우기에는 너무 물러 보였다.

수많은 교량의 기반을 닦았던 경험을 살려 에펠은 당시의 최신식 기초공사 공법인 케이슨caisson 공법을 떠올렸다. 케이슨 공법은 물줄기 한가운데에 기둥을 세우는 수중시공이다. 주로 교량의 다리를 건설할 때나 지하철 공사에 많이 사용되는데, 철근 콘크리트로 만든 상자인 케이슨을 땅에 설치하고, 그 상자 안에서 인부들이 땅을 파내며 점점 밑으로 내려가는 공사 방식을 말한다. 이를 통해 지하수가 솟는 것을 막으면서 안전하게 땅을 파내려가며 지반이 튼튼한 곳까지 기초 골격을 박을 수 있는 것이다. 에펠은 지하 16미터까지 케이슨을 내려 탑의 안정적인 기반을 마련함으

fig.29 에펠탑을 끼고 흘러가는 센 강의 모습.

로써 기초공사를 확실하게 마무리짓는다. 20세기 초반까지만 하더라도 기초공사에 대한 인식이 많이 부족했고, 부실 공사로 인해 건물이 쓰러지는 일도 종종 있었는데, 에펠은 기초공사의 중요성을 일찍부터 인식한 공학자 중 한 명이었다.

재정적인 문제와 기술적인 문제는 에펠 개인의 역량으로 훌륭히 해결했지만, 세번째 문제는 혼자의 힘으로 쉽게 해결할 수 없는 종류의 것이었다. 공모전 당시부터 불거졌던 에펠탑 디자인에 대한 비판 여론은 탑의 건설이 공식적으로 확정된 이후에도 잠잠해질 기미가 보이지 않았다. 에펠탑 대신 자신들이 지지했던 부르데의 태양탑이 세워질 일은 없다는 것을 깨달은 당대의 지식인들과 예술가들은 1887년 2월 14일, 당시 제일 유력한 일간지였던 '르 탕Le Temps'에 '에펠탑에 반대하는 예술가들의 탄원서'를 싣는다. 그들은 '수도 한가운데의 발기' 내지는 '쓸모없고 흉측한 타워' 따위의 과격한 표현들을 총동원해 자신들의 분노를 표현했다. 주의해야 할 점은 이 탄원서에 서명한 사람들이 일시적인 스캔들을 일으켜 인지도를 높이고자 하는 어중이떠중이 예술가들이 아닌 당대의 가장 영향력 있고 유명한 문화 엘리트 집단이었다는 것이다. 최고의 인기 작가이자 대문호로 칭송받던 에밀 졸라, 오페라 〈아베 마리아〉와 가극 〈파우스트〉를 작곡한 샤를 구노, 파리 오페라극장을 설계한 가르니에 등의 서명은 이 탄원서에 무게감을 실어주었고, 에펠에게도 상당한 부담감을 주었다.

에펠탑에 대한 반감은 지식인들과 예술가들에게만 국한된 것이 아니었다. 대중적인 언론 매체에서는 아무런 과학적 근거도 없이 에펠탑이 건설 도중에 쓰러질 가능성이 높다는 악의적인 기사들을 쏟아냈고, 이에 동요된 시민들은 불안해했다. 이런 분위기에 편승하여 일부 엔지니어들은 에펠탑의 토대가 외부의 힘을 견디지 못해 탑이 뒤틀리고 결국 무너질 것이라는 주장을 하기도 했다. 잔뜩 겁을 먹은 샹드마르스 인근 주민들은 에펠에게 공사를 중단하지 않으면 고소할 것이라고 협박까지 해댔다. 하지만 박람회 개장 전까지 탑을 완공해야 했던 에펠은 소송으로 인

fig.30 에펠의 친구이자 19세기의 유명 판화가였던 루이 포예Louis Poyet가 그린 케이슨 공법을 이용한 에펠탑의 기초공사 모습.

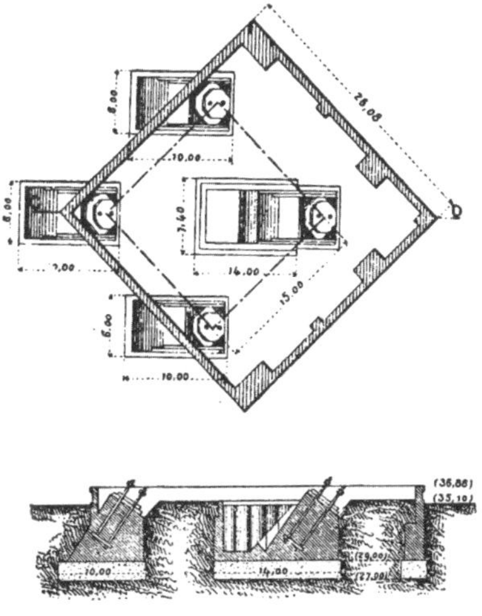

fig.31 에펠탑 다리의 기술적 도면과 단면. 에펠탑 4개의 다리는 각각 4개의 단단한 이음쇠로 땅에 고정되었다. 에펠의 기초공사는 오늘날의 공학자들에 의해 그 우수성이 증명되었다.

한 공사의 지연을 허락할 수 없었다. 그는 탑의 설계와 제조에 문제가 없음을 대중이 최대한 이해하기 쉽게 풀어서 설명하고, 지역 주민들이 걱정하는 피해에 대해 전적으로 책임을 지겠다고 공개적으로 밝혔다. 탑 건설에 대한 재정적 책임뿐만 아니라 최악의 상황에 대한 책임까지 스스로 짊어지며 열성적이고 믿음직스러운 모습을 보이는 에펠을 대중은 점차 신뢰하기 시작했고, 에펠탑에 대한 불안한 소문들은 조금씩 사그라졌다.

당시 난감한 상황에 처한 에펠에게 가장 큰 힘이 되었던 사람은 박람회 조직위원장 로크루아였다. 전투적인 공화주의자이자 저널리스트 출신으로 강단 있는 성격의 소유자였던 그는 사회 주요 인사들과 일반 대중의 압박에도 전혀 동요하지 않고 일관되게 에펠을 지지했다. 그는 에펠탑이 제3공화정이 추구하는 정치적

fig.32 4개월간의 기초공사를 끝낸 에펠탑 부지.

이고 산업적인 이상향을 표현하기에 가장 적합한 상징이 되리라 믿었다. 이러한 로크루아의 신념은 결국 옳았던 것으로 판명된다. 탑이 완공된 후 탄원서에 서명했던 대부분의 사람들은 에펠탑의 열렬한 지지자가 되었고, 대중 또한 세상에서 가장 높고 아름다운 탑에 큰 자부심을 느꼈다.

조립

에펠탑은 높이뿐만 아니라 짧은 건설 기간으로도 사람들을 놀라게 했다. 기초공사를 마친 에펠탑은 마치 장난감 블록을 쌓아 올리는 듯한 속도로 하늘을 향해 올라갔는데, 이는 바로 에펠만의 특별한 노하우 덕분에 가능한 것이었다. 당시 철도 교량과 같은 거대 철골 구조물의 시공에는 '영국식 공법'이라 불리는 방식이 통상적으로 사용되었다. 이름에서도 알 수 있듯이 산업혁명의 본고장인 영국에서 발전된 이 공법은 쉽게 말하면 건설 과정에서 건축물 자체에 시공을 하는 형식이었다. 예를 들어 기본적인 공학 계산이 끝나고 공사가 시작되면 현장에서 인부들의 재량에 따라 절단이나 구멍 뚫기 같은 작업들이 조금은 즉흥적으로 이루어지는 것이다. 영국식 공법은 현장에서 융통성을 발휘할 수 있었지만, 미숙한 인부가 건축물에 잘못된 시공을 했을 경우 그 실수를 만회하기가 상당히 힘들다는 점에서 그리 효율적이지는 않았다. 반면 에펠탑 시공에서 선보인 '프랑스식 공법'은 인부의 재량권을 완전히 없애버리고, 모든 것을 사전 계산에 의해 진행하는 방식이었다. 모든 부품들은 완벽한 계산으로 미리 제조되어 현장으로 옮겨졌고, 현장에서는 '조립'하는 것 외에는 부품에 대한 어떠한 물리적 변형도 이루어지지 않았다. 정확한 공학 계산에 의한 부품의 조립은 오늘날 대형 시공현장에서 당연하게 받아들여지는 방식이지만, 에펠의 시대에 이는 시공 속도를 혁신적으로 향상시킨 새로운 시도였다. 또한 현장 작업의 대부분이 조립으로 한정되다보니 현장 인원을 최소화할 수 있었다. 에펠은 최대 250명의 최정예 현장 인부만을 고용해 임금을 후하게 제공했다.

효율적인 공사 진행을 위해 우선 르발루아페레의 도안 작업실에서 모리스 쾨슐랭과 40여 명의 제도사들, 공학자들이 에펠의 계산에 따라 각각의 개별 부품에 대한 5500개의 도안을 고도로 정확하게 그려냈다. 이 도안을 토대로 공장에서는 에밀 누기에의 감독 아래 150명의 노동자가 1만 8천여 개의 구조적 부품들을 정확한 설명을 붙여가며 직접 제작했고, 작은 부품은 마차로, 거대한 부품은 화물 선박을 통해 샹드마르스로 옮겨졌다. 현장에서는 장 콩파뇽Jean Compagnon의 감독 아래 조립이 이루어졌다. 도면 작업과 부품 제작 그리고 조립 작업이 일사천리로 진행되었다.

부품을 조립하는 데는 강판을 결합하는 쇠막대기인 리벳rivet을

fig.33 에펠탑을 잘 보면 이음새에 나사가 아닌 둥그런 못이 박혀 있는 걸 볼 수 있는데 이것이 바로 리벳이다. 에펠탑에는 총 250만 개의 리벳이 사용되었다. 100년 이상 끊임없이 계속되는 에펠탑 보수공사의 대부분은 바로 낡은 리벳을 새것으로 교체하는 일이다. 최근에는 리벳을 박은 것과 외형적으로는 차이가 없지만 좀더 설치가 쉬운 볼트못이 사용되고 있다.

이용한 '리벳 공법'이 적극적으로 활용되었다. 나사처럼 생겼지만 홈이 없는 둥그런 머리를 가진 리벳은 높은 온도로 달궈진 상태에서 망치로 강하게 내려쳐 반영구적으로 강판을 결합시키는데 사용되었다. 르발루아페레의 작업장에서 리벳이 설치될 부분을 정확히 계산하여 그곳에 미리 리벳의 지름보다 조금 작게 구멍을 뚫었고, 현장에서는 그 구멍에 리벳을 힘찬 망치질로 박아 넣었다. 현장에서 구멍을 뚫거나 부품을 정비해야 하는 경우가 없다보니 공사 속도가 빠를 수밖에 없었다. 만약 현장의 노동자들이 문제점을 발견하면 그 부품은 작업장으로 다시 돌려보내져 수정되어 돌아왔다. 현장의 인부들이 헷갈리지 않도록 복잡한 부품들은 작업장에서 느슨하게 연결되어 옮겨지기도 했다. 에펠탑에는 총 250만 개의 리벳이 사용되었다. 그러다보니 에펠탑 현장의 인부들은 대부분 이 리벳을 설치하는 리벳공들이었다. 이들은 4인 1조로 작업했는데, 이동식 풀무를 허리춤에 차고 다니며 리벳을 달구는 풀무공 한 명, 망치질을 하는 해머 기술자 한 명, 그리고 해머 기술자가 망치질을 할 때 리벳을 고정시키는 두 명의 보조 인부로 이루어졌다. 해머 기술자가 뜨거운 리벳에 망치질을 해대면 불꽃이 튀었고, 리벳이 식으면서 수축함에 따라 최고로 단단한 이음새가 형성되는 것이다. 오늘날에는 용접기술의 발달로 이러한 리벳 공법은 더이상 사용되지 않지만, 이 리벳공들이야말로 에펠탑 건설의 일등공신이었다. '구슬이 서 말이라도 꿰어야 보배'라는 옛말처럼 이 리벳들은 거대한 철근 구조물들을 촘촘하게 이어주는 매개체였다. 에펠은 공사 당시 추후의 보수공사를 위해 5천여 개의 예비용 리벳을 미리 만들어놓았는데, 더이상 쓸모가 없어진 이 예비용 리벳들은 인테리어 소품으로 세련되게 재탄생해 개인 사업자에 의해 개당 약 75유로에 공식적으로 판매되고 있다. 자신들의 역사를 창의적인 방식으로 계승시키는 프랑스인들의 섬세함이 돋보이는 대목이다.

fig.34 에펠탑에 리벳을 설치하고 있는 리벳공들. 밑으로 보이는 풍경이 아찔하지만 최고로 숙련된 노동자들로만 이루어진 에펠탑 시공 현장에선 사망자가 단 한 명뿐이었다. 비슷한 시기에 뉴욕의 브루클린 다리를 건설할 때는 20명이 사망했고, 스코틀랜드의 포스 브리지는 57명의 목숨을 앗아간 점으로 보아 이는 당시에 매우 획기적인 일이었다. 심지어 그 한 건의 사망 사건도 한 인부가 여자친구에게 현장을 보여주기 위해 어두운 한밤중에 통행이 금지된 곳에 들어갔다가 일어난 사고였다.

완공

효율적인 조립식 공법과는 별개로 에펠탑 공사에서 시민들을 가장 불안하게 한 것은 탑을 지탱하는 다리의 시공이었다. 4개의 기둥이 55미터에 달하는 1층 위치까지 54도의 각도로 기울어서 올라가다보니 금세라도 무너질 것처럼 보였기 때문이다. 이런 불신의 눈초리 속에서 공사는 시작되었고, 다리가 채 반도 올라가지 않은 시점에 에펠, 누기에, 쾨슐랭, 소베스트르가 현장에 일주일 동안 나타나지 않는 일이 발생한다. 대중의 불안감은 극에 달했고, 공사가 불가능한 것을 깨달은 에펠이 자살했다, 미쳐버려 정신병원에 감금되었다 하는 악의적인 추측성 기사가 보도되었다. 하지만 에펠과 그의 간부들이 모습을 보이지 않은 것은 현장에서 사용할 크레인을 개발하기 위해서였다. 일주일 후 그들은 크리퍼creeper라 불리는 12톤의 소형 증기 크레인을 각각의 다리에 설치해 구조물을 올릴 수 있도록 했다. 기울어진 채 올라가는 다리에는 27미터의 임시 목재 구조물 12개를 설치해 지탱함으로써 손쉽게 문제를 해결했다.

1888년 3월 말, 거대한 4개의 기둥은 드디어 55미터 높이까지 올라와 70톤의 거대한 수평 철트러스 4개로 연결되며 1층을 이루게 된다. 4개의 기둥이 한 지점에서 만나는 이 순간은 매우 중요했다. 이곳이 남은 243미터의 기반이 되는 곳이기 때문이다. 세밀한 계산을 통해 올라간 기둥들이었지만 인류의 역사상 이러한 종류의 공사는 한 번도 실현된 적이 없었기에 정확한 각도와 높이로 올라왔는지 확실치 않았다. 다행히 모든 과정은 사고나 문제없이 완성되었고, 4개의 기둥이 완벽하게 만나 하나로 연결되었다. 공사의 가장 중요한 부분이었던 1층이 완성되고 나자 시민들의 반응은 긍정적으로 변해갔다. 언론은 드디어 에펠탑에 대한 부정적 보도를 멈추었고, 현장에서도 이러한 분위기에 탄력을 받아 빠르게 작업이 진행되었다.

20세기의 유명한 이탈리아 작가인 디노 부차티의 단편 소설 「에펠」에 보면 에펠탑의 1층이 완성된 이후 인부들의 마음가짐의 변화가 잘 묘사되어 있다. 공사를 시작할 당시만 해도 이런 허무맹랑한 프로젝트가 실현될 거라는 생각 없이 단순히 높은 임금을 받기 위해 일을 하던 사람들이, 1층을 완성하자 동기부여가 되어 적극적으로 작업에 임하기 시작한 것이다. 작업 환경의 개선이 또하나의 힘이 되었다. 1층의 평면 공사가 끝나자마자 에펠은 그 위에 인부들을 위한 매점을 설치한다. 에펠은 인부들이 그곳에서 식사를 함으로써 타워를 오르내리며 낭비하는 시간과 그로 인한 피로도를 줄일 수 있을 거라고 생각했다. 인부들에게 양질의 음식을 제공하기 위해 조리 과정을 철저히 감독했고, 가격도 저렴하게 매겼다. 2층 평면이 완성되자 함께 위로 옮겨지기도 한 이 임시 매점은 인부들이 최적의 환경에서 최고의 기량을 발휘할 수 있도록 힘쓴 에펠의 배려를 잘 보여준다. 주말을 포함해 연중 내내 날씨와 상관없이 매일 아침 6시 30분에 시작해 여름에는 밤 9시 30분까지 그리고 겨울에는 오후 5시 30분까지, 이렇게 21개월 동안 공사가 계속되는 와중에도 에펠은 현장의 인부들에게 자부심을 불어넣고 팀워크를 탄탄히 유지함으로써 단시간 내에 탑을 완공시킬 수 있었다.

에펠 이전에도 인부들의 편의와 효율적인 관리를 위해 건설 현장 내부에 식당을 만든 건축가가 있었다. 바로 이탈리아의 대표적인 르네상스 건축가인 필리포 브루넬레스키Filippo Brunelleschi이다. 15세기 당시 에펠탑의 철골 구조 못지않게 혁신적인 구조 공법이었던 돔 건축의 선구자인 브루넬레스키는 그의 대표작인 피렌체 대성당을 지을 당시, 공사중인 돔 안에 주점과 식당을 만들어 인부들이 아침에 위로 올라가면 저녁까지 내려올 필요가 없게 했다고 한다. 에펠이 탑 건설을 위해 크리퍼라 불리는 소형 증기 크레인을 개발한 것처럼, 브루넬레스키도 황소를 동력으로 하는 승강기와 기중기를 직접 고안해 무거운 건축자재를 들어올리게 했다. 그 외에도 당시로서는 처음 시도되는 큰 규모의 돔 건설이 불가능할 것이라는 세간의 의심을 이겨내며 역사에 길이 남을 건축물을 지었다는 사실에서도 에펠과의 유사성이 발견된다.

에펠이 온전히 노동자 복지에 대한 관심이 높아 이러한 조치를 취한 것인지는 확실치 않다. 일례로 인부들의 파업에 대처하는 그의 모습에서 우리는 전형적인 자본주의가적 태도를 읽을 수 있다. 에펠탑은 완공 날짜가 미리 정해져 있었기에 작업에 차질이 있어서는 절대 안 되었는데, 이 점을 이용한 노동자들은 몇 번의 파업을 통해 인금 인상을 요구했다. 공사를 중단시킬 수 없었던 에펠은 항상 그들의 요구를 들어주어야 했지만 파업을 주도한 노동자들을 탑의 하단부에서 일하게 함으로써 건설팀 내에서 굴욕감을 느끼게 했고, 말썽을 일으키는 노동자를 그 자리에서 해고하기도 했다. 그렇다고 그가 노동자들을 착취해 마지막 한 방울의 피땀까지 짜내는 악덕 고용주는 아니었다. 에펠은 인간적이고 쾌적한 최고의 노동 환경을 제공했을 때 가장 효율적인 노동력이 창출된다고 생각했다.

1층 단이 완성된 후부터는 조립할 부분이 점점 작아지고 부품도 가벼워졌다. 작업에 참여하는 인부의 수는 점점 줄어들었지만 작업 속도는 더 빨라졌다. 1층까지의 공사 속도는 한 달에 약 10미터였지만, 2층부터는 한 달에 30미터로 증가했다. 크리퍼 크레인은 2층 조립 과정에서도 활용되었고, 1888년 7월에는 4개월 만에 2층 단이 완성되었다. 2층이 완성된 시점부터는 탄원서에 서명했던 예술가들 대부분이 에펠에게 축하 인사를 보냈고, 모든 파리 시민들이 기대에 가득찬 눈빛으로 에펠탑의 공사 현장을 바라보았다.

1889년 3월 31일, 드디어 3층과 그 위의 관람대 공사까지 끝나며 에펠탑이 완공되었다. 공사 시작 후 2년 2개월 만의 일이었다. 총 공사비용은 예상 금액이었던 650만 프랑에서 약 130만 프랑이 추가된 779만 940프랑 31상팀이었다. 철이 산화해 색깔이 변하는 것을 막기 위해 도색 작업이 시작되었는데, 하단부부터 진하게 칠하기 시작해 점점 연하게 칠해 올라갔다. 만약 탑 전체를 동일한 색으로 칠하면 햇빛 작용에 의해 여러 색깔로 보일 수 있기에 지상에서 탑을 보는 관람객들이 한 가지 색으로 느낄 수 있도록 하기 위한 조치였다. 여기서 유의할 점은 태초의 에펠탑은 오늘날 보는 바와 같이 갈색빛을 띠지 않았다는 것이다. 1889년 개장 당시의 에펠탑은 바베이도스 브론즈Barbados bronze라고 불리는 붉은빛이 강하게 도는 적갈색으로 칠해졌다. 이후 20세기 초반에는 노란색으로 변화를 주었다가, 1968년부터 지금의 갈색빛을 띠게 되었다. 공식적으로 '에펠탑 브라운'이라 불리는 이 색채는 파리의 풍경과 조화를 가장 잘 이루는 색깔이라는 평을 받고 있다. 비록 대부분의 사람들이 에펠탑의 색깔보다는 형태에서 그 독창성을 발견하지만, 시대의 변화에 따라 색깔에도 세심한 주의를 기울이고 있다는 사실을 알 수 있다.

도색이 끝났지만 한 가지 해결되지 않은 것이 있었다. 바로 엘리베이터였다. 특히 일직선이 아닌 굽어져 올라가는 하단부 다리를 따라 오르내릴 수 있는 엘리베이터를 설치할 기술은 당시로서는 실현하기 힘들었다. 탑을 건설하는 데 외국 장비를 사용하는

fig.35 박람회 당시 운행중인 오티스 엘리베이터의 모습.

것은 박람회 원칙에 어긋나는 일이었기에 에펠과 박람회 조직위원회는 프랑스의 모든 엘리베이터 회사들을 접촉해보지만 결국 뜻을 이루지 못했다. 어쩔 수 없이 미국의 유명 엘리베이터 회사인 오티스의 최첨단 기술력을 빌리는 수밖에 없었다. 결과적으로 3개의 다른 회사가 각각 지상에서부터 1층까지, 1층에서 2층까지, 2층에서 3층까지 운행하는 엘리베이터를 설치하게 되었는데, 에펠탑에 관련된 모든 사항에 대해 논리적으로 계획하고 통제하고 싶어했던 에펠에게 이는 매우 못마땅한 부분이었다.

1889년 5월 15일, 에펠탑이 드디어 박람회 관람객들에게 공개되었다. 그러나 엘리베이터는 기술적인 문제로 인해 5월 26일이 되어서야 작동을 시작했다. 완벽주의자인 에펠은 입장객이 없을까봐 속이 탔을 것이다. 하지만 그의 이러한 우려는 기우임이 곧 판명되었다. 첫 주에만 3만여 명의 관람객이 1665개의 계단을 걸어서 에펠탑의 꼭대기까지 올랐던 것이다. 결과는 대성공이었다.

4개의 다리 밑 지지 구조물과 1층의 거대한 철골 구조물을 받치기 위한 중앙의 지지 구조물이 보인다. 2층을 이루는 철골을 놓기 위한 공사가 시작됨을 관찰할 수 있다(1887년 12월 7일).

1층 완성(1888년 3월 20일).

2층 건설중(1888년 5월 15일).

2층 완성(1888년 8월 21일).

3층 완성(1888년 12월 26일).

최상단의 둥근 지붕 작업중(1889년 3월 15일).

fig.36 19세기의 건축 전문 사진가 듀랑델Durandelle이 찍은 에펠탑의 건설 과정.

5장

에펠탑 그 이후

la tour Eiffel

대성공

6개월간의 박람회 기간 동안 많게는 하루에 2만 명이 에펠탑에 입장했고, 전체 매출은 주식공모로 인한 채무관계를 전환시키고도 남을 800만 프랑에 달했다. 의심의 눈초리로 탑이 올라가는 것을 바라보던 언론은 태도를 바꿔 연일 에펠탑을 찬양하는 기사들을 쏟아냈다. 일반 시민들부터 상류층에 이르기까지 모든 파리 시민이 에펠탑의 매력에 매료되고 만 것이다.

일반적으로 에펠탑을 그저 거대한 전망대 정도로만 생각하기 쉽지만 사실 에펠탑 내부에는 6200제곱미터의 실내 공간이 있다. 4200제곱미터의 1층 가장자리에는 폭 3미터, 길이 약 300미터에 달하는 정사각형의 산책로가 조성되어 있다. 1889년 개장 당시에

fig.37 1889년 파리 만국박람회의 전경. 현재는 건물들이 빽빽이 들어선 15구와 16구 부근이 텅 비어 있다.

는 이 산책로 안쪽으로 플랑드르 식당과 러시아 식당, 그리고 영미식 술집을 비롯해 250석 규모의 카바레 극장이 있었다. 1650제곱미터의 2층에는 프랑스의 유력한 일간지 중 하나인 '르 피가로'의 인쇄기와 가판대를 설치해 1889년 박람회 동안 현장에서 직접 특집판을 발행했고, 작은 매점도 하나 있었다. '르 피가로'의 인쇄기는 오늘날에도 제자리를 지키고 있어서 몇 유로를 내면 자신의 이름이 인쇄된 박람회 당시의 특별호를 받아볼 수 있다. 일반인에게 입장이 허용되는 최고층인 350제곱미터의 3층에는 유리벽으로 막힌 팔각형 모양의 전망대가 설치되어 있다. 참고로 현재 1층에는 에펠과 에펠탑에 대한 전시관, 매점, 1층의 고도가 58미터란 사실에서 유래한 58에펠타워 식당, 그리고 300제곱미터 크기의 다용도 강당 등이 있고, 2층에는 기념품 가게, 매점, 고급 식당인 쥘 베른 레스토랑이 위치하며, 마지막으로 꼭대기 층에는 로맨틱한 연인들을 위해 샴페인을 파는 작은 바bar가 최근에 문을 열었다.

당시 특별 허가를 받은 관계자들은 3층에서 짧은 나선 계단을 타고 올라갈 수 있었는데, 그곳에는 천문학, 물리학, 기상학, 생물학 연구를 위한 작은 실험실 3개와 에펠만을 위한 가구가 딸린 작은 방이 하나 있었다. 세상에서 가장 높은 탑을 소유한 에펠은 탑의 꼭대기에 자신만을 위한 공간을 하나 숨겨놓고, 엄선된 소수의 사회 인사만을 자신의 자랑스러운 비밀의 방으로 초대했다. 개장 전 완공 축하연에 초대받았던 정부와 파리 시의 고위 관계자 및 상급 공학자를 비롯해 소수의 인사들만 이 방을 방문할 수 있었다. 당대의 유명 배우였던 사라 베르나르Sarah Bernhardt, 웨일스의 에드워드 왕자, 발명가 토머스 에디슨 등의 유명 인사들이 에펠과 독대를 한 장소도 바로 이 방이었다.

여론이 에펠탑 찬양 일색으로 돌아가고 있음에도 불구하고 비판의 눈초리를 거두지 않는 사람이 있었다. 바로 대문호 모파상이었다. 그는 에펠탑 1층에서 자주 식사를 했다고 하는데, 이는 파리에서 에펠탑이 보이지 않는 유일한 식당이 에펠탑 내의 식당이기 때문이었다고 한다. 이 일화의 진실 여부는 알 수 없지만, 하루빨리 에펠탑이 해체되기를 바랐던 모파상의 바람은 실현 가

fig.38 에펠탑 3층에 밀랍 인형으로 재현된 에펠과 에디슨의 독대 장면. 이 방에서 에디슨은 당시 박람회에서 큰 반향을 불러일으킨 축음기를 에펠 앞에서 직접 시연해 보였다. 에디슨은 에펠탑에 오른 뒤 방명록에 "현대 건축사의 신기원을 연 위대한 건축가 에펠 씨에게 최고의 존경을 보낸다"라고 직접 기록하기도 했다.

능한 이야기가 되어가고 있었다. 박람회가 끝나자마자 에펠탑의 인기가 급속도로 식어버렸기 때문이다.

에펠탑 개조 프로젝트

앞 장에서 밝힌 바와 같이 에펠은 박람회 조직위원회로부터 향후 20년간의 입장료와 임대료를 비롯해 탑에서 발생한 모든 수익을 본인 회사에서 수금할 권리를 양도받았다. 그렇다면 계약 기간이 만료된 1909년 이후 에펠탑의 미래는 어떻게 되는 것이었을까? 에펠은 설계 초기부터 에펠탑이 과학적으로 활용될 가능성이 높음을 제시하며 탑을 영구적으로 지속시킬 물밑 작업을 시작했다. 그러나 파리 시는 에펠과의 계약이 만료되면 탑을 철거할 계획이었다. 파리 시의 이러한 계획은 점점 실현 가능성이 높아졌다. 1889년 개장 당시에는 연간 입장객이 200만 명이었는데, 그 다음해에는 40만 명으로 뚝 떨어지더니 개장 10년 후인 1899년에 이르러서는 20만 명에도 미달했다.

때마침 1900년에 파리에서 또 한번의 만국박람회를 개최하기로 결정했다. 에펠은 이때가 에펠탑의 인기에 다시 불을 지필 절호의 기회라고 판단했다. 그는 1889년의 박람회 당시 300미터 타워 건설을 위한 공모전이 열렸던 것처럼 에펠탑 개조를 위한 공모전을 열었다. 공모전에 참가하려는 건축가들은 에펠탑을 완전히 철거하고 새로운 타워를 세우거나, 기존의 탑에 추가적인 요소를 배치하는 폭넓은 재량권을 가지고 설계에 임할 수 있었다.

에펠탑의 초안에 미적 부분을 보완했던 소베스트르는 기존의 에펠탑에 두 개의 보조 첨탑을 추가한 개조안을 제시했다. 샤를 드빅Charles Devic은 바닥 레벨의 비어 있는 부분을 철근 구조물로 덮어 내부 면적을 늘렸고, 기존의 2층과 3층 사이에 한 개의 층을 추가로 설계해 실내 공간을 확보했다. 구스타브 롤랭Gustave Raulin은 에펠탑 양쪽에 샹드마르스 궁을 추가해 에펠탑과 한 쌍을 이루는 설계를 제안했고, 샤를 고티에Charles Gautier는 기존의 에펠탑을 철거하고 '세기의 궁전'이라 명명한 새로운 타워를 제안했다. 앙리 민드로프Henri Minderof의 제안인 '19세기의 기둥'은 기존의 에펠탑을 오리엔탈풍의 건조물로 덮는다는 재미있는 발상이 돋보였고, 앙리 투생Henri Toussaint은 에펠탑에 철로 된 치마를 둘러 '전기의 궁'을 만들 것을 제안하기도 했다. 조스트 삼송Jost Samson의 계획은 가장 대담했다. 그는 에펠탑을 골조로 사용해 300미터의 거대한 인공 산을 만들 것을 제안했다. 가파른 경사로로 이루어진 석산 곳곳에 나무를 심어 작은 마을을 꾸미고, 인공 폭포도 조성한다는 계획이었다.

에펠탑 개조를 위한 다양한 제안들은 1900년 이후부터 오늘날까지 계속되고 있다. 비록 그중 대다수는 실행되지 않았지만 대중의 건축적 상상력에 날개를 달게 하는 효과가 있었다.

fig.39 자동차가 올라갈 수 있도록 경사로를 설치한 제안.

fig.40 3층 전망대의 면적을 늘린 제안.

새로운 공모전에 야심찬 여러 제안들이 제출되었으나 재정적 문제로 인해 어떤 것도 실행되지 못했다. 대신 1900년 박람회를 맞아 1층의 테라스를 넓힌 후 식당들을 새롭게 단장하고 엘리베이터를 최신 장비로 업그레이드하는 정도로 만족해야만 했다. 이 당시 설치된 5대의 엘리베이터 중 2기는 아직도 사용할 정도로 성능이 좋다.

1900년 4월 14일, 20세기 최초의 만국박람회가 개장했다. 새로운 세기를 맞이함에 들뜬 많은 사람들이 박람회장을 찾았고, 총 5천만 명의 관람객을 유치하는 대성공을 거두었다. 이 박람회에는 대한제국을 비롯해 아시아와 아프리카의 많은 나라들이 참가했으며, 중세시대 파리의 모습을 재현한 전시관도 세워져 파리 전체가 거대한 테마파크가 된 듯했다. 하지만 이러한 박람회의 성공에도 불구하고 에펠탑의 인기는 초라하기만 했다. 산업에 대한 열망은 사그라지고 아르누보Art Nouveau가 유행하는 상황이었다. 덩굴손이나 담쟁이 같은 식물을 연상케 하는 유연하고 유동적인 선으로 대표되는 아르누보의 시대에 좌우 대칭의 딱딱한 에펠탑은 유행에 뒤떨어져 보였는지도 모르겠다. 이번 박람회 동안 에펠탑을 찾은 관람객은 100만 명에 불과했고, 이는 1889년 수치의 반밖에 되지 않았다. 에펠탑은 점점 가십거리에 지나지 않은 존재가 되어갔다. 비행기들이 탑의 다리 사이로 묘기 비행을 시도했고, 이곳을 자신들의 비극적인 삶에 종지부를 찍는 자살

장소로 선택하는 이들도 늘어났다. 또한 프랑수아 라이셸트François Reichelt라는 재단사가 자신이 발명한 낙하 슈트를 입고 에펠탑에서 점프했다가 낙하산이 펴지지 않아 사망하는 사건이 벌어지기도 했다. 공기역학을 전혀 고려하지 않고 설계한 엉성한 천 쪼가리를 입고 날 수 있다고 상상한 그의 만용은 많은 사람들의 비웃음을 샀다. 에펠탑 난간에서 당시의 상황을 찍은 무성 영상에는 뛰어내리기 직전 라이셸트의 긴장된 표정과 뛰어내림과 동시에 무겁게 샹드마르스로 추락해 사망하는 모습이 나온다. 그러나 라이셸트의 목숨을 건 용기 있는 실험은 에펠탑을 한낱 가십거리로 전락시키는 데 일조했을 뿐이었다. 에펠탑의 위상이 이렇게 하락하고 있었지만 에펠은 더이상 탑에 신경을 쓸 겨를이 없었다. 그는 일생에서 가장 큰 위기에 봉착해 있었다.

파나마 스캔들

비극은 페르디낭 드 레셉스Ferdinand de Lesseps라는 프랑스 외교관으로부터 시작되었다. 1805년생인 드 레셉스는 젊은 시절 수많은 나라를 돌아다니며 외교 활동을 하다가 1850년에 관직을 그만둔 전직 외교관이었다. 하지만 조용히 은퇴 생활을 즐기기에는 에너지가 넘쳐났다. 60대 후반에 10대 소녀와 결혼해 9명의 자녀

fig.41 낙하 슈트를 입고 있는 라이셸트.
fig.42 추락한 뒤 산산이 조각나버린 낙하 슈트의 잔해.

를 둘 정도의 정력가였던 그는 1859년부터 1869년까지 회의론자들의 반대를 무릅쓰고 지중해와 홍해, 그리고 인도양을 잇는 수에즈운하 건설을 강행한다. 수에즈운하가 성공적으로 완공되면서 그는 '운하의 아버지'란 호칭과 함께 막대한 부와 명예를 누리게 된다. 하지만 이 60대의 노익장은 여기서 사그라들지 않는다. 수에즈운하를 건설할 당시의 노하우를 바탕으로 중앙아메리카와 남아메리카 사이를 관통해 태평양과 대서양을 잇는 파나마운하의 건설을 추진하기로 결심한 것이다. 만 75세가 되는 해였던 1880년 12월 7일, 그는 프랑스인들을 대상으로 양대양兩大洋운하 회사 설립을 위한 주식공모를 시작했다. 수에즈운하의 기적을 만들어낸 드 레셉스의 실천력을 신뢰한 수십만 명이 몰려들어 파나마운하 건설을 위한 투자에 참가했다. 매력적이고 너그럽지만 한편으로는 폭군에다가 고집이 셌던 드 레셉스는 파나마운하의 건설을 숙명으로 받아들이고 공사에 착수한다.

하지만 운하 건설은 제대로 진행되지 못한다. 복잡한 지형 때문에 수에즈운하 건설 당시에 사용했던 기술을 제대로 활용할 수 없었던 것이다. 엎친 데 덮쳐 황열과 말라리아로 무려 2만여 명의 기술자와 노동자가 사망하는 일까지 발생하게 된다. 지형과 기상조건이 수에즈와는 천지 차이였음에도 불구하고 드 레셉스는 파나마운하 건설을 무언가에 홀린 듯 밀어붙였고, 이런 과정에서 이미 15억 프랑이 넘는 돈이 지출되었다. 공사가 중단되며 벼랑

끝까지 몰리게 된 드 레셉스가 찾은 마지막 해결책은 바로 에펠탑의 영웅, 구스타브 에펠이었다.

에펠과 드 레셉스는 사실 에펠탑이 완공되기 훨씬 이전부터 안면이 있는 사이였다. 에펠이 공공 프로젝트에 참여하는 과정에서 드 레셉스와 교류가 있었던 것이다. 이 사람 좋은 늙은이의 간곡한 부탁을 거절하지 못한 에펠은 '국가의 이익을 위해' 운하 건설에 수문 건설업자로서 1887년에 뒤늦게 합류하게 되고, 파나마운하에 적합한 새로운 시공 방식을 도입해 성공적으로 건설을 진척시킨다. 하지만 에펠의 선전으로 수문 공사가 거의 마무리됐음에도 불구하고 재정적인 이유로 공사는 또다시 중단된다. 이번에는 공사가 다시 재개될 가능성이 희박해 보였다. 운하회사의 거물급 고문 두 사람이 유대인이었는데, 이 둘의 지휘 아래 정부에 대한 막대한 규모의 로비가 진행되었다는 사실이 밝혀진 것이다. 폭로자는 『유대인의 프랑스La France Juive』라는 책을 써서 유명해진 반유대주의자 언론인 에두아르 드뤼몽Edouard Drumont이었다. 드뤼몽은 파나마운하에 대한 악의적인 기사들을 써냈고, 훗날 벌어진 드레퓌스 사건으로도 볼 수 있듯이 반유대주의가 만연했던 당시의 프랑스 사회에서 이 기사들은 큰 반향을 일으켰다. 스캔들의 여파는 점점 커져 정치적 색채를 띤 소송이 벌어졌다. 뇌물을 받은 장관들이 사임하고, 사건에 연루된 회사 간부가 의문의 죽음을 맞이하며 이 엄청난 규모의 스캔들은 절정에 달하게 된다.

1892년, 드 레셉스와 에펠은 사기와 배임 혐의로 기소된다. 비현실적인 프로젝트를 과장 광고하고, 특정 목적을 위해 발행한 채권을 통해 벌어들인 돈을 탕진했으며, 사람들을 속여 그들의 재산을 횡령했다는 이유로 유죄판결을 받는다. 이후 미완의 파나마운하는 미국 정부에 헐값에 팔려 1914년 8월에 개통된다.

fig.43 1882년 게재된 파나마 스캔들 풍자화. 법원으로 호송되는 무리의 맨 앞줄이 드 레셉스이다. 맨 뒤에 에펠탑을 짊어지고 가는 에펠의 모습도 보인다.

다행히 에펠은 항소심에서 혐의를 벗고 무죄 판결을 받지만 파나마 스캔들의 거대한 파장에 휩쓸려 공학자로서의 이미지는 큰 타격을 받았다. 그는 파나마운하의 재정적인 부분에는 전혀 연관이 없었고 순전히 기술자로서 참가한 것뿐이었다. 하지만 그의 명성이 오히려 화를 불러일으켰고, 드 레셉스의 동업자라는 이유만으로 대중과 미디어는 아무런 근거도 없이 에펠에 대한 악의적인 소문들을 퍼뜨렸다. 에펠은 오늘날 한국 사회에서도 종종 연예인들과 정치인들을 대상으로 벌어지는 '마녀사냥'의 희생자였다. 여러 번에 걸친 청문회와 법정 공방으로 몸과 마음이 기진맥진해지면서 건축에 대한 에펠의 의지도 완전히 꺾여버렸다. 그는 스캔들의 여파로 자신의 회사에 피해가 갈 것을 고려해 1893년 회사의 이름을 '에펠 건설회사'에서 '르발루아페레 공장 주식회사'로 변경하고 오랫동안 자신을 보좌해온 모리스 쾨슐랭에게 대표직을 이임한다. 이후 그는 어떠한 사업상의 활동에도 참여하지 않게 된다.

그러나 투옥 후 정신착란에 시달리다가 침상에서 비참한 말로를 맞이한 드 레셉스에 비해 에펠은 아직 젊고 건강했다. 자신의 손으로 일군 회사의 경영권을 완전히 넘긴 이후 그의 눈에는 쓸쓸함이 깃들게 되었지만, 아직 에펠탑의 소유권은 자신에게 있었다. 그는 자신의 말년을 에펠탑의 보존에 바치기로 결심한다.

거대한 안테나

에펠이 일관되게 주장한 에펠탑의 존재 이유는 탑을 과학적 용도로 사용할 수 있다는 점이었다. 그는 은퇴한 건축 엔지니어의 취미 생활이 아닌 매우 진지한 자세로 에펠탑의 존재 가치를 입증하고자 애썼다. 탑의 높이를 이용해 낙하하는 물체에 대한 공기 저항력 실험이 계속되고, 비행기술에 대한 관심이 높아지면서 에펠탑은 공기역학 실험 장소로서 각광받는다.

에펠탑의 결정적인 실용성은 무선 통신용 안테나로서의 역할로 입증되었다. 높은 곳에서 발신할수록 전파는 멀리 퍼져나갈 수 있었고, 에펠탑은 도시 한복판에 있는 세계에서 가장 높은 건축물이었기에 이러한 역할을 수행하는 데 적합했다. 1898년에는 프랑스혁명 이후 루소와 볼테르를 비롯한 위인들의 시신이 안치된 83미터 높이의 판테온과 에펠탑 간의 첫 무선통신 실험이 성공했고, 1903년에는 에펠탑 꼭대기에 군용 통신실이 설치된다. 1912년에는 무선신호를 발사해 전 세계에 표준 시간을 알리는 시보에 성공한다. 특히 1차세계대전 당시 프랑스가 전쟁 초기에 우위를 선점하는 데 결정적 계기가 되었던 마른Marne 전투의 승리도 에펠탑의 통신실 덕분이었다.

에펠탑은 결국 해체되지 않았고, 1923년 12월 27일 에펠은 91세의 나이로 파리의 자택에서 평온하게 눈을 감을 수 있었다. 그는 자신의 회사와 공장이 있던 르발루아페레의 가족묘에 수많은 이들의 애도를 받으며 안장되었다. 그러나 그가 사망한 이후에도 에펠탑의 활약은 계속되었다. 1925년에는 최초의 라디오 방송국이 에펠탑 꼭대기에 들어섰다. 라디오의 보급률 자체가 그리 높지 않던 시기였기에 허름한 테이블에 마이크 하나를 두고 시작한 방송이었지만 곧 큰 인기를 얻게 되었고, 1935년에는 최초의 텔레비전 실험방송을 위한 송신 안테나까지 설치하게 된다. 에펠탑은 오늘날까지도 지상파 및 케이블 방송을 위한 안테나로서의 역할을 충실히 수행하고 있다.

하지만 그후 에펠탑이 해체의 위기를 전혀 겪지 않은 것은 아니다. 2차세계대전 당시 독일군이 파리를 점령하자 프랑스군은 히틀러가 에펠탑 정상에 올라 파리를 내려다보는 수모를 피하기 위해 탑의 엘리베이터를 파괴해버린다. 전시에 고장난 기계의 부품을 구하는 것은 쉽지 않았기에 이는 매우 효과적이었고, 결국 히틀러는 맞은편의 트로카데로 광장에서 에펠탑을 감상하는 것으로 만족해야 했다. 히틀러는 "나는 파리를 점령한 것이지 에펠탑을 점령한 것이 아니다"라고 말하면서도 독일군 병사를 시켜 에펠탑 꼭대기에 나치 깃발을 달게 했다. 하지만 깃발이 너무 커 바람에 날아가버렸고, 새로 작은 깃발을 달았지만 한 프랑스인이 밤중에 몰래 올라가 프랑스 국기로 바꿔버리는 일도 있었다. 1944년 노르망디 상륙작전을 시작으로 연합군이 파리 인근까지 진격하자 히틀러는 휘하의 콜티츠 장군에게 에펠탑의 파괴를 명령했으나 콜티츠는 에펠탑의 역사적 의미를 이유로 명령을 거부한다.

1950년대에는 이런 일도 있었다. 당시 캐나다 몬트리올의 시장이었던 장 드라포Jean Drapeau는 프랑스의 대통령이었던 샤를 드골에게 비밀 협상을 요구했다. 1967년 몬트리올 박람회의 기념물로 사용하기 위해 에펠탑을 분해하여 일시적으로 몬트리올에 옮겨놓자는 제안이었다. 하지만 정부의 긍정적인 반응에도 불구하고 에펠탑 운영사측에서 이를 거부한다. 훗날 에펠탑의 파리 복구를 프랑스 정부가 거부할지도 모른다는 우려 때문이었다. 1950년대까지도 정부가 에펠탑을 영영 해체해버릴 가능성이 있었음을 알 수 있다.

기차와 비행기 등 운송 수단의 발전으로 파리를 찾는 관광객의 수는 점점 늘어갔고, 에펠탑을 찾는 연간 관람객의 수도 1960년대 200만 명, 1980년대 400만 명을 넘어 현재는 매년 600만 명대를 유지하고 있다. 이제 세계적인 관광 명소가 된 에펠탑을 철거한다는 것은 상상도 할 수 없는 일이다. 그러나 에펠탑이 100년이 넘도록 제자리를 유지하며 수많은 이들이 찾아가길 꿈꾸는 장소가 된 것은 송신탑으로서의 역할이나 관광객 유치로 인한 수입과 같은 실용성 때문만은 아닐 것이다. 에펠탑은 무엇보다도 그 예술성과 상징성에 의해 존재 가치를 인정받고 있다. 그에 대한 이야기로 넘어가보자.

fig.44 1940년 6월, 에펠탑을 방문한 히틀러.

6장

탑의 무한 증식

l a t o u r E i f f e l

에펠탑 미니어처

에펠탑을 보기 위해 열 시간이 넘는 지루한 비행을 거쳐 파리까지 가야 할 필요는 없다. 에펠탑은 끝없는 무한 증식을 통해 전 세계 어디서나 쉽게 접할 수 있는 건축물이 되었기 때문이다. 일례로 국내 최대 포털사이트인 네이버의 쇼핑 페이지에서 에펠탑을 검색해보면 목재와 철재 등 다양한 재료로 만든 장식용 미니어처, 전등, 오르골, 열쇠고리, 머그잔, 가방, 쿠션, 촛대, 목걸이, 노트, 벽지 등 무려 4만 8395개의 제품을 몇 번의 클릭으로 구매할 수 있다. 피라미드의 경우 2만 1637개의 제품이 검색되지만, 이집트의 피라미드와 직접 연관이 있는 기념품보다는 피라미드 형태의 제품들이 대부분이다. 이외에도 피사의 사탑은 6689개,

엠파이어스테이트 빌딩 7320개, 만리장성은 다수의 관광 상품을 포함한 5265개의 제품이 검색되고, 서울을 대표하는 건축물로는 경복궁이 1만 8185개, 63빌딩이 1120개가 검색된다. 검색 결과의 수치뿐만 아니라 건축물을 직접 모방한 상품의 비율 또한 에펠탑이 타의 추종을 불허할 만큼 높다. 에펠탑은 한국인들에게도 세상에서 가장 접하기 쉬운 친근한 건축물이 되었다. 에펠탑의 상품화가 국내에만 한정된 얘기는 아니다.

바람의 저항을 고려해 설계된 에펠탑의 특별한 외관은 준공 당시부터 구경꾼들의 이목을 끌었다. 에펠탑 기념품 사업은 1889년 만국박람회 당시부터 큰 성공을 거두었다. 에펠탑 반대 탄원서에 서명했던 대부분의 예술가들이 이후에 성명을 철회한 것과는 반대로 평생 에펠탑에 대한 비판을 굽히지 않았던 에밀 졸라는 에펠탑 완공 후에 다음과 같은 글을 남기기도 했다.

> "나는 파리를 떠났다. 더불어 프랑스도 떠났다. 왜냐하면 에펠탑이 날 너무 지겹게 하기 때문이다. 도처에서 보이기만 하는 것이 아니라 도처에서 불쑥 나타난다. 에펠탑은 모든 진열장에 전시되어 있는데, 이는 피할 수 없는 악몽이나 고문과도 같다."

이는 그 당시 이미 에펠탑 상품 사업이 얼마나 성행했는지를 잘 보여준다.

손바닥 안에 들어오는 미니어처에 만족하지 못한 이들은 종종 독창적인 방법으로 자신만의 에펠탑을 재현하기도 했다. 1930년대 뉴욕의 한 치대생이 1만 1천 개의 이쑤시개로 2.4미터 높이의 에펠탑 모형을 만든 이후 이쑤시개로 에펠탑 쌓기는 애호가들 사이에서 하나의 문화로 자리잡았다. 2011년에는 미국의 이쑤시개 예술가인 스티븐 백맨Steven Backman이 3센티미터 크기의 초소형 에펠탑을 만들기도 했다.

모조 에펠탑들

에펠탑은 수많은 모조 건축물로 재탄생되어 세계 곳곳에 세워지기도 했다. 1890년 러시아의 상트페테르부르크에는 얼음으로 만든 60미터 높이의 에펠탑이 세워졌고, 1891년 프라하 만국박람회를 기념하여 프라하의 페트린 언덕에도 60미터짜리 모조품이 31일 만에 뚝딱 세워지기도 했다. 1장에서 언급한 왓킨스 타워에서도 보았듯이 영국의 경우 에펠탑 모방의 욕구가 특히 강했다. 과도한 의욕의 자본가 왓킨 경과는 달리 소박하지만 현실적인 꿈을 꾸었던 행정가 존 비커스태프John Bickerstaffe는 영국의 중부도시인 블랙풀에 158미터의 철탑을 세웠다. 1891년 당시 블랙풀의 시장이었던 비커스태프는 지역경제 발전을 위해 사비를 털어가며 철

fig.45 1891년 프라하 만국박람회를 위해 조각난 철도 부품을 이용해 31일 만에 세워진 페트린 타워.

fig.46 오늘날까지 지역 유흥시설 역할을 수행하는 블랙풀 타워.

fig.47 20세기 초반 전성기의 뉴브라이튼턴 타워. 1차세계대전 동안 군사적인 이유로 폐쇄했다가 관리 상태가 좋지 않아 재개방하지 않은 채로 방치됐다. 결국 1969년 대화재로 파괴되었다. 탑 아래쪽이 상가를 포함한 부대시설로 둘러싸인 모습이 보인다.

탑을 만들었다. 프로젝트의 초기에는 '블랙풀 에펠탑'으로 불리다가 얼마 후부터 '블랙풀 타워'라는 공식 명칭을 얻은 이 철탑은 탑의 하단부에 상가 건물을 함께 지어 동물원, 수족관 등의 오락시설도 제공했다. 1900년 리버풀 인근의 뉴브라이턴에도 지명을 딴 뉴브라이턴 타워가 세워진다. 166미터 높이의 뉴브라이턴 타워 하단부에는 블랙풀 타워와 마찬가지로 무도회장, 회의장, 당구장 등의 부대시설이 있는 부속 건물이 함께 세워졌다. 블랙풀 타워는 오늘날까지도 일반인에게 개방해 지역 관광시설로서의 역할을 계속하고 있지만, 뉴브라이턴 타워는 1969년 화재로 완전 소실 되었다.

에펠탑 모방의 열기는 20세기가 도래하면서 유럽을 넘어 미국과 아시아로 퍼지게 된다. 특히 미국인들의 에펠탑 사랑은 각별했다. 미국에서 에펠탑은 유럽을 향한 막연한 동경의 서민적 상징물로서 자주 등장한다. 특히 상업 시설물에서 사람들의 시선을 끌기 위해 세워진 에펠탑 모조품을 자주 볼 수 있다. 전 세계에서 가장 정교하기로 유명한 에펠탑 레플리카인 라스베이거스의 2분의 1 축소 모형도 그중 하나다. 네바다 주의 호텔과 카지노 일대에는 루브르 박물관, 개선문, 오페라극장 등 파리의 주요 건축물들이 재현되어 있는데, 에펠탑은 이 화려한 도박 도시의 중심에 위치하고 있다. 미국 내 여러 레저 시설을 보유한 대기업 시더 페어 엔터테인먼트Cedar Fair Entertainment 산하의 놀이공원인 오하이오의

fig.48

fig.49

fig.50

fig.48 세계에서 가장 정교한 에펠탑 복사품인 라스베이거스의 에펠탑.

fig.49 놀이공원인 킹스 아일랜드 정문에 위치한 모조 에펠탑.

fig.50 우리나라에도 우스꽝스러운 에펠탑 모조품이 들어설 뻔한 일이 있었다. 위 그림은 현재 송파구 석촌호수 인근에서 축조중인 제2롯데월드의 초기 디자인 콘셉트 중 하나다. 다행히 서울시 도시건축위원회는 이 디자인을 허가하지 않았다.

fig.51 왼쪽부터 도쿄타워, N서울타워, 드래곤타워. 상업적 보조 시설물로서의 모조 에펠탑들이 단순한 오락성이 강조된 우스꽝스럽고 익살스러운 느낌이라면, 아시아 도시의 모방탑들은 좀더 근엄한 표정을 지으며 어색한 느낌을 준다.

킹스 아일랜드와 버지니아의 킹스 도미니언의 입구에도 100여 미터 높이의 에펠탑 모조품이 세워져 있다. 라스베이거스의 파리 호텔이 파리의 몇몇 유명 건축물만을 재현했다면, 중국 항저우에는 파리의 일부분을 통째로 옮겨놓은 듯한 초호화 주거 단지가 문을 열었다. 오스만 양식으로 지어진 아파트에 사는 주민들은 창문에 서서 원본과 매우 흡사한 108미터 높이의 에펠탑과 파리의 길거리를 바라볼 수 있다.

미국에서 모조 에펠탑이 지방 소도시 시민들의 이목을 끌기 위한 상업적 목적으로 세워졌다면, 아시아의 경우는 조금 다르다. 1958년 세워진 332미터의 도쿄타워, 이제는 N서울타워라 불리는 1975년 세워진 237미터의 남산타워, 안중근 의사가 이토 히로부미를 저격한 곳으로 유명한 중국 하얼빈에 2000년에 세워진 336미터의 드래곤타워 등은 모두 한 도시를 대표하는 랜드마크를 표방하며 건조된 상징물들이다. 외형적으로는 파리의 에펠탑과의 유사성이 떨어질지도 모르지만, 오리지널 에펠탑이 가지는 상징성을 지향하는 야심찬 타워들인 것이다. 미국의 도시들이나 항저우 파리 마을의 에펠탑이 단순 모방으로 대중성과 오락성을 띠는 반면, 도쿄, 서울, 하얼빈 등에 세워진 모조품들은 일정한 상징적 기능을 담당하고 있다.

때로는 허탈한 실소를 짓게 하는 이유에서 모조 에펠탑이 세워지기도 한다. 미국에는 파리라는 이름을 가진 마을이 두 개나 있다. 하나는 텍사스 주에, 하나는 테네시 주에 있는데, 두 곳 모두 미국 독립전쟁 당시 프랑스의 지원을 기념하여 파리라고 이름 지은 소규모 촌락이다. 테네시의 파리는 1993년 60피트(약 18미터) 높이의 에펠탑을 세우는데, 이에 자극받은 텍사스의 파리가 65피트 높이의 에펠탑을 세우게 된다. 마치 19세기 후반 프랑스와 영국 간의 경쟁을 재현하기라도 하듯, 이 두 마을의 귀여운 경쟁은 더욱 치열해진다. 인구 2만 5천여 명의 텍사스 파리는 자신들의 마을이 '세상에서 두번째로 큰 파리'라며 인구 1만여 명의 테네시 파리의 자존심을 자극했고, 테네시 파리는 기존의 에펠탑을 철거하고 70피트 높이의 탑을 새로 세우기에 이른다. 이에 텍사스 파리는 자신들의 타워에 텍사스를 상징하는 빨간색 카우보이 모자를 씌우며 치열한 자존심 싸움을 일단락 짓는다. 미국만이 아

©minnemom

fig.52 빨간 카우보이 모자를 쓴 텍사스 파리의 에펠탑.

©ДимонЪх

fig.53 우랄산맥 농촌 마을인 파리의 에펠탑.

니라 러시아 우랄산맥 인근에 위치한 파리Parij라는 인구 2천여 명의 작은 촌락에도 50미터 높이의 에펠탑 모양 안테나가 2005년에 한 통신사에 의해 세워진 일이 있다. 파리와 흡사한 도시명은 19세기 초 나폴레옹의 러시아 원정을 막아낸 것을 기념하여 붙인 이름이라고 한다. 다행히 러시아 내에는 파리를 연상시키는 이름을 가진 또다른 마을이 존재하지 않아서, 테네시 파리와 텍사스 파리 사이에서 벌어진 것과 같은 자존심 싸움은 면할 수 있었다.

이외에도 아르메니아, 브라질, 덴마크, 레바논, 인도, 볼리비아, 온두라스, 모로코, 독일, 체코 등 모조 에펠탑이 세워진 나라들의 리스트는 계속 길어지고 있다. 프랑스의 세계적 뉴스 통신사인 AFP는 2014년에 전 세계의 특파원들에게 각국의 모조 에펠탑 사진을 찍어 보내게 해 특집 기사를 내기도 했다. 관광 정책의 일환으로 세워진 모조 에펠탑만이 아니라 교외로 나가면 흔히 볼 수 있는 고압송전탑들 또한 에펠탑을 연상시킨다. 송전탑이 에펠탑 모습을 하고 있는 것에 놀랄 것은 없다. 에펠탑은 공기저항을 가장 효율적으로 줄이기 위해 설계된 철골 구조물이기 때문이다. 송전탑과 에펠탑의 외향적 유사성은 한국의 대표적인 오락 프로그램 〈무한도전〉의 '하루 만에 세계여행'이라는 에피소드에서도 드러났다. 국내에서 해외의 명소들과 최대한 흡사한 곳을 찾아 배경으로 사진을 찍는다는 미션을 수행하기 위해 〈무한도전〉의 멤버들은 교외의 한 거대 송전탑을 등지고 서서 마치 에펠탑 앞에 있는 듯한 포즈를 취하기도 했다.

에펠탑 예술

에펠탑의 무한 증식은 탑의 외형적 재창조를 넘어서 수많은 예술작품 속에서 계속되었다. 건설 당시 당대의 거의 모든 예술가들에게 비판을 받았던 에펠탑이 인류 역사상 가장 인기 있는 예술작품의 소재가 된 이 아이러니를 조금 더 자세히 살펴보도록 하자.

예술가들 사이에서 에펠탑을 소재로 한 작품이 유행했던 때는 미학적 의미의 모더니즘이 성행했던 20세기 초반이었다. 물론 1889년에 세워진 에펠탑이 예술적 소재로서의 신선함을 유지한 기간이 대체로 20세기 초반까지라고 추론해볼 수도 있겠지만, 이러한 현상은 무엇보다도 모더니즘 자체의 성격으로 설명될 수 있다. 앞서 말한 바와 같이 에펠탑은 고전주의 건축양식이 주류였던 유럽 사회에서 그에 대한 반동적인 표현이라는 비난을 받았다. 그럼에도 불구하고 에펠탑은 대중의 큰 지지를 얻게 되었고, 19세기 고전주의 예술에 대해 반항운동을 벌인 모더니즘 예술가들에게 에펠탑의 성공은 매우 고무적인 현상이었다. 이런 상황에서 몇몇 예술가들은 전통에 맞서는 에펠탑을 모더니즘 운동의 상징으로 내세우려 했다.

에펠탑을 회화로 표현한 최초의 화가는 폴 루이 들랑스와 조르주 쇠라였다. 이 둘은 모두 모더니즘 운동의 선구자였는데, 들랑스의 경우 고전주의에서 모더니즘으로 넘어가는 시기의 자연주의 화가이고, 쇠라는 좀더 진보적 성향의 신인상파주의 화가였다. 회화의 스타일은 다르지만 두 사람의 공통점은 에펠탑의 미학적 가치를 일찌감치 파악했다는 점이다. 두 화가 모두 에펠탑이 완공되기 이전, 3층 전망대가 없는 1889년의 모습을 화폭에 담았다.

20세기 미술사에서 빼놓을 수 없는 마르크 샤갈의 그림 속에서도 에펠탑은 자주 등장한다. 러시아 출신이지만 파리를 제2의 고

fig.54 자연주의 성향의 화가였던 들랑스의 에펠탑(상)에서 고전적인 회화의 느낌이 강하게 든다면, 점묘화법의 창시자인 쇠라의 에펠탑(하)은 다소 추상적이다. 완성되지 않은 에펠탑의 모습이 오히려 풍부한 예술적 감흥을 불러일으키는 듯도 하다.

향으로 삼고 프랑스에서 활동했던 샤갈은 파리의 상징인 에펠탑을 자신의 그림 속에 자주 그려넣었다. 1913년 작인 〈창문에서 본 파리Paris par la fenêtre〉부터 1972년 작인 〈안녕 파리Bonjour Paris〉에 이르기까지, 샤갈은 60여 년에 걸친 기간 동안 에펠탑을 그렸다.

샤갈의 그림에는 양, 말, 수탉 등 여러 동물들이 등장하는 것으로 유명한데, 그중 수탉은 프랑스의 상징이기도 하다. 한국을 대표하는 동물이 호랑이이듯 프랑스를 대표하는 동물은 수탉으로, 축구 국가대표팀의 유니폼에도 그려져 있다. 〈안녕 파리〉라는 제목의 그림에서 샤갈은 거대한 크기의 수탉으로 모자라 의인화한 에펠탑까지 그려넣어 파리를 상징했다. 에펠탑의 발 언저리에 쓸쓸히 노니는 양은 흔히 샤갈의 고향 러시아로 해석된다. 샤갈은 이 그림을 통해 오랜 타국 생활 끝에 고향에 대한 애수마저 희미해져가는 것을 표현하고 싶었을까? 밤하늘이 검은색이 아닌 파란색으로 칠해진 것도 눈에 띄는데, 파란색 역시 프랑스를 상징하는 색깔이다.

19세기 유럽의 문화애호가들은 이국주의에 심취해 있었는데, 특히 일본 문화에 대한 사랑은 20세기 초반까지 지속적으로 이어졌다. 널리 알려져 있듯이 모네와 고흐 같은 인상파 화가들은 일본 판화에 큰 영향을 받기도 했다. 18세기 중반에 태어나 19세기 중반까지 장수하며 수많은 작품을 남긴 가쓰시카 호쿠사이는 유럽에 큰 반향을 일으킨 대표적인 일본 판화 작가이다. 프랑스 판화의 거장인 앙리 리비에르Henri Rivière는 호쿠사이가 후지산을 표현한 36개의 판화 시리즈인 〈부악 삼십육경富嶽三十六景〉에서 영감을 받아 1888년부터 1902년까지 〈에펠탑 삼십육경36 vues de la tour eiffel〉이라는 제목의 판화 시리즈를 선보이기도 했다.

에펠탑을 화폭에 표현한 가장 대표적인 화가는 로베르 들로네일 것이다. 1885년에 에펠탑이 위치한 7구와 인접한 16구에서 태어난 들로네는 네 살 때 고전주의 화가였던 아버지의 손에 이끌려간 1889년 파리 만국박람회에서 에펠탑을 처음 접하고 큰 감명을 받았다고 한다. 이 경험의 영향이었을까. '근대적 삶의 화가peintre de la vie moderne'라 불리며 신인상파, 입체파, 미래파 등 여러 모더니즘 운동에 참가했던 들로네이지만 에펠탑에 대한 사랑만은 변치 않았고, 다양한 기법을 통해 총 30여 점의 에펠탑 그림을 남겼다.

이외에도 러시아 출신의 프랑스 화가 니콜라 드 스탈, 신인상주의 화가 폴 시냐크, 시인, 소설가, 극작가이자 화가이기도 했던 장 콕토, 입체파 화가인 라울 뒤피, 현대의 원시적 예술의 아버지라는 평을 받는 앙리 루소 등 수많은 모더니스트 화가들이 에펠탑을 소재로 그림을 그렸다.

에펠탑이 그림의 소재만 된 것은 아니다. 에펠탑은 1·2차세계대전 당시 무선통신 안테나로서 군사적인 역할을 수행함과 동시에 프랑스인들에게는 조국 프랑스의 영혼을 상징했다. 대표적으로 기욤 아폴리네르 같은 시인은 저항운동의 상징으로 에펠탑을

fig.55 들로네가 입체파 시기인 1911년에 그린 에펠탑(좌)과 오르피즘 시기인 1929년에 그린 에펠탑(우). 오르피즘은 들로네 본인이 창시한 회화 운동으로 다양한 색감을 통한 근대성의 표현에 중점을 두었다. 한 작가에 의해 그려졌다고는 상상하기 힘들 만큼 두 작품의 스타일은 상반되지만, 들로네의 에펠탑에 대한 애정은 평생 지속되었다.

fig.56 기욤 아폴리네르의 「에펠탑」. “세상이여 안녕! 나는 너의 유창한 언어이지. 오, 파리여! 너의 입은 독일인들에게 쏘고 쏘고 계속 쏠 것이다 Salut monde dont je suis la langue éloquente que sa bouche Ô Paris tire et tirera toujours aux allemands.”

차용했다. 20세기 초반의 아방가르드 시인이었던 아폴리네르가 1918년 발표한 시집 『칼리그램Calligrammes』에 수록된 시들은 그 내용과 일치하는 회화적인 이미지를 만들어내는데, 그중 「에펠탑」이라는 시를 통해 시인은 프랑스의 저항정신을 표현했다.

2차세계대전 당시 레지스탕스 운동에 참여하기도 했던 초현실주의 시인 루이 아라공 또한 「탑이 말한다La Tour parle」라는 시에서 에펠탑을 프랑스를 상징하는 푸른 여인으로 의인화해 칭송하기도 했다.

에펠탑의 예술적 재해석이 항상 이렇게 낭만적이고 사회적인 의미를 내포한 것만은 아니다. 때로는 예술작품과 광고물의 경계선에서 어색한 옷을 입게 되기도 한다. 1925년 파리 예술박람회를 기념해 에펠탑 운영회사는 조명 엔지니어인 페르낭 자코포치Fernand Jacopozzi에게 에펠탑의 새로운 조명 설계를 의뢰한다. 25만 개의 전구를 설치해 에펠탑에 빛나는 드레스를 입힐 야심찬 계획을 세운 자코포치는 프랑스 최대의 자동차 회사인 시트로엥을 찾아가 50만 프랑의 재정적 후원을 제안한다. 시트로엥이 이 제안을 더 매력적으로 받아들일 수 있도록 자코포치는 “50킬로미터가 떨어진 곳에서도 보일 수 있게 시트로엥의 회사명을 에펠탑에 전구로 새기겠다”고 제안한다. 시트로엥의 설립자인 앙드레 시트로엥은 스무 살 무렵에 완공된 에펠탑을 보며 공학도의 길을 가기로 결심했을 정도로 에펠탑에 대한 애정이 넘쳐났던 사람이었기에 이 제안을 흔쾌히 받아들인다. 결국 1936년까지 무려 10년이 넘는 기간 동안 근대성의 상징인 에펠탑에 매일 밤마다 자본의 상징인 대기업의 회사명이 새겨지는 웃지 못할 사태가 계속되었다.

에펠탑이 가지는 상징성과 예술성은 오늘날까지도 수많은 현대 아티스트들의 흥미를 유발한다. 순수예술의 경계를 넘어 공예디자인에서도 에펠탑은 많은 영감을 선사해 '에펠 스타일'이라 불리는 철제 가구 디자인이 유행했던 적도 있다. 여기서 에펠탑을 소재로 한 예술품을 전부 다루는 것은 아마도 불가능할 것이다. 마지막으로 건축학도인 필자에게 가장 의미 있다고 생각하는 작품 하나를 소개하면서 이 장을 끝마칠까 한다. 러시아의 전위적 추상예술 운동인 구성주의 예술가였던 블라디미르 타틀린Vladimir Tatlin의 '제3인터내셔널 기념탑'이 바로 그것이다.

제3인터내셔널 기념탑

본 책에는 수많은 에펠탑과 에펠탑 유사 이미지들이 수록되어 있다. 대표적으로 그레이트 타워 프로젝트에 제안되었던 이미지들을 들 수 있겠다. 그 수많은 에펠탑 모방 프로젝트 중 대부분은 설계도면 밖으로 나오지 못했고, 실현된 일부 프로젝트들마저

fig.57 시트로엥이라는 회사명은 11년 후 철거되지만, 자코포치가 제안한 조명 시스템은 계속 남아 오늘날까지도 파리의 야경을 더욱 아름답게 해준다. 대문호 앙드레 말로가 문화부 장관이었던 1964년에 탑을 우발적인 상업적 변경의 대상이 되거나 간섭을 받지 않는 국가적 기념물로 지정한다는 법규가 제정된 이후 이런 일은 더이상 발생하지 않게 되었다.

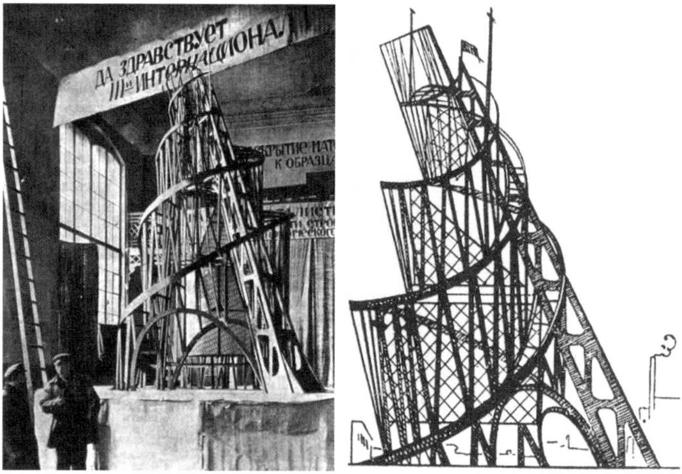

fig.58 타틀린이 제작한 '제3인터내셔널 기념탑'의 모형(좌)과 입면도(우).

도 에펠탑만큼의 상징성을 얻지 못한 것이 사실이다. 그러나 타틀린의 제3인터내셔널 기념탑은 비록 실현되지 못했음에도 불구하고 에펠탑을 의식해 계획된 수많은 제안 중 유일하게 독자적인 권위를 가졌고, 건축학적으로 봤을 때도 에펠탑에 버금가는 유의미한 작품이라 말할 수 있다. 제3인터내셔널은 1919년 3월 6일에 모스크바에서 레닌의 제창하에 창설된, 세계 각국 공산당의 민주적 중앙집권제에 기초한 국제조직이다. 쉽게 말해 공산주의를 전 세계에 수출하기 위해 만들어진 조직이라고 할 수 있다. 훗날 억압적이고 폭력적인 독재 통치로 변질되며 실패한 정치체제로 판명된 공산주의이지만, 자본에 의한 억압으로부터 민중을 해방시키겠다는 초기의 이념은 꽤나 순수했다. 흔히 공산주의 체제하의 문화, 예술이라 함은 체제를 옹호하는 프로파간다적 성향이 강한 2류 예술이라고 생각하기 쉬운데, 초기의 제3인터내셔널은 모더니즘 예술에 우호적이었다. 혁명을 지지하는 러시아의 진보적 구성주의 예술가들은 자신들의 이상을 전달할 수 있는 새로운 예술언어를 창조하기 위해 노력했고, 그 과정에서 소련 공산당의 의뢰를 받아 여러 예술 프로젝트들을 진행하는 경우도 있었다. 그 대표적인 예가 바로 제3인터내셔널 기념탑이었다.

제3인터내셔널의 수뇌부는 모스크바 한가운데에 중앙청사의 역할을 할 거대하고 혁신적인 건축물을 세워 자신들의 이상을 세상에 알리고 싶어했고, 당대의 유명한 구성주의 예술가였던 타틀린에게 제3인터내셔널 기념탑의 설계를 의뢰한다. 타틀린은 자본주의의 상징이었던 에펠탑을 규모 면에서나 예술적인 면에서나 압도해야 한다는 부담을 갖고 작업을 시작하게 된다.

1920년 12월, 모스크바의 제8회 소비에트 대회장에 높이 5미터의 제3인터내셔널 기념탑 모형이 첫선을 보인다. 약 400미터 높이에 경사진 이중나선형의 철골 구조체로 설계된 이 기념탑은 그 속에 원통이나 각뿔, 육면체 모양의 내부 공간을 두었다. 이 공간들은 각각 회의실과 정보센터, 방송국 등의 용도로 사용될 예정이었다. 이 프로젝트의 가장 전위적인 부분은 다양한 형태의 내부 공간들이 각각 다른 속도로 회전하도록 계획되었다는 것이다. 제3인터내셔널 기념탑은 에펠탑과 마찬가지로 철이라는 새로운 시대의 건축 재료를 사용했지만, 좌우가 대칭을 이루지 않고 복합성을 띤 순수예술적 형태의 조형 건축물이라는 점에서 큰 차이가 있었다. 정치적 이상과 예술적 표현 능력, 거기에 복합적인 철학이 더해져 설계된 러시아 구성주의의 최대 걸작인 제3인터내셔널 기념탑은 아쉽게도 끝내 실현되지 못한다. 레닌의 뒤를 이어 소련의 지도자가 된 스탈린 또한 이 계획에 긍정적이었지만 "러시아에는 이 구조물을 만들 만한 충분한 양의 강철이 없다"라는 그의 말과 동시에 이 프로젝트는 사실상 폐기된다.

근대 건축의 선구자였던 르코르뷔지에는 에펠탑에 대해 "직감과 과학과 신념의 열매이자, 용기와 인내의 딸이며, 세계의 도시 파리라는 부식토의 열매이다"라는 평가를 내리며 여러 차례에 걸쳐 에펠탑에 대한 애정을 표현했다. 건축에서 장식적인 요소를 배제하고 실용성을 강조해야 한다고 주장했던 근대 건축가 르코르뷔지에가 에펠탑을 좋아했다면, 그로부터 50년 후 오늘날의 현대 건축에서 독보적인 위치를 차지하고 있는 렘 콜하스는 제3인터내셔널 기념탑을 선호했다. 콜하스뿐만 아니라 서울의 동대문디자인 플라자DDP를 설계한 것으로도 유명한 자하 하디드Zaha Hadid, 다니엘 리베스킨트Daniel Libeskind, 피터 아이젠먼Peter Eisenman 등, 이른바 21세기 건축을 이끄는 해체주의 건축가들도 타틀린의 제3인터내셔널 기념탑을 비롯해 러시아 구성주의 작품들에서 큰 영향을 받았다. 어디 그뿐인가. 과천 국립현대미술관에서 볼 수 있는 세계적인 비디오 아티스트 백남준의 거대한 설치미술 작품인 〈다다익선〉 또한 타틀린의 제3인터내셔널 기념탑에 대한 헌정의 의미를 담은 것으로 알려져 있다.

파리의 상징으로 우뚝 서 있는 에펠탑이 많은 예술가들에게 영감을 제공한 것은 쉽게 이해할 수 있다. 그러나 제3인터내셔널 기념탑이라는 실현되지 못한 작품이 여러 건축가들과 예술가들에게 새로운 생각을 불러일으키고 있음은 기이한 일이다. 어쩌면 건축이란 세상에 존재하지 않는 유토피아를 계획하는 작업인지도 모르겠다.

ⓒ최광모

fig.59 백남준의 설치미술 작품 〈다다익선〉.

7장

에펠탑 신화 해부

la tour Eiffel

뫼비우스의 띠

기념품에서부터 시작해 모방 건축물, 회화와 조각, 사진, 문학 작품에 이르기까지 에펠탑은 문자 그대로 '무한 증식'을 해오고 있다. 자료를 찾아보면 찾아볼수록 끝도 없이 나타나는 방대한 에펠탑 이미지의 망망대해 속에서 조난의 위협을 느낄 정도였다. 특히 예술이라는 이름의 파도는 에펠탑의 이미지를 끊임없이 재창조해내고 있었다. 휘몰아치는 파도에 떠밀려 정신을 잃었다 눈을 떠보니 나는 어느 무인도에 표류해 있었다. 정신을 차리고 나니 과연 무엇 때문에 인류는 100년이 훌쩍 지나도록 이 철골 덩어리에 그토록 큰 애정을 쏟아부어온 것일까라는 의문이 문득 뇌리를 스쳤다.

에펠탑 운영회사에서 발표한 연도별 에펠탑 입장객 수 그래프를 보면 개장년도인 1889년의 200만 명이라는 기록의 갱신은 1965년이 되어서야 가능했다. 무려 75년이 넘는 기간 동안 에펠탑의 수익성은 개장년도에 대비해 그리 높지 못했던 것이다. 준공 20년 후 철거될 예정이었고, 75년 동안 파리만 날리던 에펠탑이 계속 존재할 수 있었던 이유는 어디에 있을까? 에펠이 끊임없이 증명하려 노력했던 것처럼 실용적인 가치가 에펠탑의 건재를 다 설명해주지는 못한다. 그보다는 오히려 전 세계에 에펠탑의 환상을 끊임없이 전파시킨 예술가들과 수많은 복제품들의 공이 더 클 것이다. 에펠탑을 통해 근대 도시의 모습과 근대성 그 자체를 표현한 모더니즘 아티스트들은 탑에 특별한 예술성을 부여함으로써 대중적 환상을 불러일으키는 상업 복사품의 생산을 가속화시켰다. 이렇듯 문화적 엘리트 집단부터 가장 대중적이고 상업적인 집단까지 합세하여 에펠탑의 무한 증식을 부추겼고, 그 결과 세계대전이 끝나고 비교적 평화적인 시기가 오자 전 세계 사람들이 물밀듯이 그곳을 찾게 되었다.

이른바 '마케팅의 천재'라고 불릴 만한 에펠 또한 에펠탑 무한 증식의 중요성을 잘 인지하고 있었다. 그는 준공 직후부터 에펠탑과 관련한 모든 기념품에 대해 권리를 주장하며 제조업자들과 상인들에게 저작권 사용료를 요구했다. 많은 논쟁 끝에 1889년 3월 14일, 프랑스 최고 행정재판소가 '에펠탑은 공공의 기념물'

이라는 판결을 내림으로써 에펠은 복제권에 대한 권리를 포기해야 했지만, 그가 에펠탑의 상업적 사용에 큰 관심이 있었음을 엿볼 수 있는 대목이다. 그리고 그는 그 어떤 모더니즘 아티스트보다 확신에 찬 눈빛으로 에펠탑의 예술성에 대해 논하곤 했다. 준공 과정에서 예술가들이 에펠탑에 반대하는 탄원서를 발표하자 그는 다음과 같이 반박했다.

> "공학자는 미적인 측면에 전혀 신경을 쓰지 않는다거나 수명이 길고 튼튼하면서도 아름다운 건물을 지으려는 시도를 하지 않는다고 생각할 이유가 어디 있을까? 우주에는 예술의 일반론이 적용되지 않는 특수한 매력이 존재한다."

건축물의 미적 가치에 대해 논하기 위해 '우주적 차원의 미'까지 끌어들이는 에펠의 이러한 논리는 가히 아방가르드적인 모더니즘 아티스트를 연상시킨다.

물론 그가 진정한 의미의 모더니즘 아티스트였던 것은 아니다. 초기에 쾨슐랭과 누기에가 설계한 탑은 단순히 300미터 높이를 유지하며 서 있기만을 위해 고안된 기능적인 구조물이었다. 모더니즘 건축가였던 르코르뷔지에가 에펠탑을 좋아한 이유는 바로 이런 순수한 기능성에 있었을 것이다. 그러나 자세히 살펴보면 에펠탑의 미적 부분을 관장했던 건축가 소베스트르가 첨가한 기둥 부분의 아치 형태와 1층 유리 회랑의 세부 장식들은 모두 그 시대의 고전주의적 코드를 따르고 있다. “장식은 범죄다”라고 말하며 모든 종류의 고전주의적 장식을 비판했던 엄격한 모더니즘 건축가 아돌프 로스 같은 이들의 잣대로 판단한다면 에펠탑은 모던 건축물의 범주에 들지 못할 것이다. 그리고 무엇보다도 에펠이 설계한 여러 건축물들이 예술성을 띤다 한들, 그의 접근 방식은 예술가의 그것과는 근본적으로 다르다. 에펠의 여느 건설 프로젝트와 마찬가지로 에펠탑의 본질적인 설계 방향은 ‘어떻게 아름다운 타워를 세울까’보다는 ‘어떻게 300미터 높이의 타워를 세울까’에 더 가까웠다. 에펠 자택의 내부 장식과 가구, 예술품 등에서 전형적인 19세기의 부르주아적이고 고전적인 취향이 고스란히 드러난다는 점에서 이러한 주장은 더욱 설득력을 얻는다. 물론 에펠이 모던한 예술 의식에 입각해 에펠탑을 설계한 것이 아니라고 해서 탑 자체의 아름다움과 그의 초인적 역량이 폄하되는 것은 전혀 아니다. 다만 아이러니한 것은 엄격한 미적 기준으로 보면 단순한 ‘관광객 유치용 철탑’에 불구할 수도 있었던 에펠탑이 예술가들에 의해 재해석됨으로써 예술적 가치를 부여받았다는 점이다.

사실 에펠탑의 예술성을 논한다는 것은 매우 어려운 일이다. 미美라는 것이 워낙 주관적이기도 하고, 이미 하나의 신화가 되어버린 에펠탑을 객관적으로 판단하는 것은 더더욱 복잡한 문제이기 때문이다. 듀크 대학교 토목공학 및 역사학 교수이자 에펠탑을 비롯한 공학 건축물에 대해 많은 글을 쓴 헨리 페트로스키의 말처럼 순수한 공학 구조물에도 특유의 아름다움이 분명 존재하기는 한다. 에펠탑에도 훌륭한 공학 구조물을 뛰어넘은 예술적인 건축물이라는 수식이 항상 붙는다. 예를 들어, 에펠탑의 기하학적인 형태가 특별한 예술성을 부여한다고 흔히들 말한다. 물론 이런 부분이 일면 모더니즘 예술가들의 흥미를 유발했겠지만, 에펠탑의 기하학은 몬드리안의 기하학 같은 예술적 차원이 아닌 과학적 차원에서 발생했다. 에펠이 상상하지 못했던 부분에서 에펠탑은 예술가들의 지지를 얻었고, 에펠은 그러한 뜻밖의 지지를 행복하게 받아들였을 것이다. 그런데 이러한 생각을 계속하다보면 닭이 먼저냐 달걀이 먼저냐 같은 모순적 순환이 뫼비우스의 띠처럼 계속된다. 에펠탑이 유명하기 때문에 예술가들이 그림의 소재로 삼았던 것 못지않게, 많은 예술가들이 그렸기 때문에 에펠탑이 더 유명해진 부분이 있다. 이 두 견해가 무한대로 반복되며 에펠탑의 신화를 지속시키는 엔진 역할을 하는 것은 아닐까 생각해본다.

이러한 에펠탑과 예술의 상생 관계에 대한 소모적인 논쟁은 무의미하게 비쳐질 수도 있다. 복잡한 상응적 추론이 항상 명쾌한 해답으로 연결되는 것은 아니기 때문이다. 좀더 단순하게 접근해본다면 어떨까? 어쩌면 에펠탑의 신화를 설명하는 데 가장 근본적이고 명쾌한 근거는 완공 당시 세계 최고를 자랑한 그 높이에 있다고 볼 수도 있겠다.

마천루의 시대

파리에는 18세기부터 건축물에 대한 고도 제한이 있었고, 오늘날까지도 일반 건물의 높이는 20미터를 넘지 못한다. 이 20미터의 기준도 모든 경우에 적용되는 것은 아니다. 도로의 폭에 따라 건물의 최대 높이가 결정되기 때문이다. 예를 들어 도로의 폭이 7.8미터 이하라면 그 도로 주변의 건물들은 12미터를 넘길 수 없고, 도로 폭이 9.74미터 이하라면 건물 높이는 15미터를 넘길 수 없다. 그러나 도로의 폭이 아무리 넓어도 20미터 이상의 건물을 지을 수 없다. 이러한 고도 제한의 초기 의도는 좁은 도로에 너무 높은 건물이 들어설 경우 길거리에 그림자가 심하게 지는 것을 방지하는 데 있었다. 고도 제한은 결과적으로 도시 전체에 통일감을 조성하는 긍정적인 결과를 낳았다. 특히 오스만 양식 건물들이 대거 건설된 19세기 중반 이후의 파리에는 그야말로 편안함과 안정감이 흐르게 되었다. 에펠탑이 파리에서 유독 눈에 띄는 것도 건물의 고도 제한 덕분이다. 고층 빌딩과 아파트가 산재해 있는 서울에서 에펠탑같이 도시 어디에서나 눈에 띄는 건축물을 짓는다는 것은 불가능한 일일 것이다.

300미터 높이로 설계된 에펠탑이지만 안테나가 설치되면서 현재 에펠탑의 공식 높이는 324미터로 확장되었다. 에펠탑은 오늘날까지도 프랑스에서 가장 높은 타워의 위치를 지키고 있다. 하지만 세계적으로 보면 에펠탑보다 높은 건물의 리스트는 꽤나 길다. 1930년 뉴욕 맨해튼에 319미터의 크라이슬러 빌딩이 완공되며 처음으로 에펠탑의 높이를 능가한 건물이 세워졌다. 에펠탑이 세워지기 전까지 세계에서 가장 높은 건축물은 미국의 워싱턴 기념비였는데, 미국은 크라이슬러 빌딩으로 다시 1등 자리를 탈환하며 국가적 자존심을 세울 수 있었다. 그러나 건축사적으로 봤을 때 크라이슬러 빌딩의 건설은 단순히 세계 초고층 건물의 탄생 이상으로 큰 의미가 있는 사건이었다. 토지 면적에 비해 실내 면적의 비율이 매우 낮은 에펠탑은 높은 건축물을 세우는 것 자체에 의미를 두고 실현되었지만, 크라이슬러 빌딩은 과밀한 도시에서 토지 면적의 수직적 증식을 목표로 만들어진 마천루라는 점이 본질적으로 다르다. 이러한 마천루의 탄생에는 지리적 요소가 많이 작용했다. 삼면이 강으로 둘러싸인 맨해튼은 도시의 수평적 확장이 어려웠고, 한정된 토지의 효율적인 활용을 위해 점점 더 높은 건물을 세워야 했다. 1차세계대전이 끝나고 세계의 패권은 미국으로 넘어가는 상황이었고, 많은 자본을 축적하기 시작한 미국의 경제적 수도 뉴욕에는 마천루들이 빽빽이 들어섰다.

fig.60 1930년대 맨해튼의 전경.

건축가 렘 콜하스가 그의 저서 『정신착란병의 뉴욕』에서 주장한 바와 같이 이른바 맨해트니즘Manhattanisme의 시대가 도래한 것이다. 1931년, 당시로선 획기적인 381미터 높이의 엠파이어스테이트 빌딩이 세워지며 크라이슬러 빌딩은 1년 만에 왕좌에서 내려와야 했다. 이외에도 290미터의 아메리칸 인터내셔널 빌딩, 282미터의 트럼프 빌딩, 259미터의 GE 빌딩 등이 1930년에서 1932년 사이에 경쟁적으로 맨해튼에서 완공된다. 세계 최초로 마천루의 숲이 조성된 것이다.

맨해튼을 통해 그 효율성을 검증받은 마천루 밀집 도시의 모델은 곧 미국 전역으로 확장된다. 2차세계대전 이후 확고부동한 세계 최대의 경제 강국으로 자리매김한 미국은 1990년대까지 시카고, 휴스턴, 로스앤젤레스, 애틀랜타 등의 주요 도시에 높은 마천루들을 세운다. 미국의 마천루 건설이 포화 상태에 이른 1990년대 이후부터는 주로 아시아와 중동에 이른바 세계에서 가장 높은 마천루들이 들어섰다. 대표적 예로 1998년 쿠알라룸푸르에 세워진 452미터의 페트로나스 트윈타워, 2004년 타이베이에 세워진 508미터의 타이베이 101타워, 2010년 두바이에 세워져 오늘날 세계에서 가장 높은 건축물인 828미터의 부르즈 할리파 등을 들 수 있겠다. 서울에는 2016년 완공을 목표로 555미터의 제2롯데월드가 공사중에 있다.

fig.61 좌에서 우로, 페트로나스 트윈타워, 타이베이 101타워, 부르즈 할리파. 모두 한국 건설업체가 시공한 건물들이다. 하지만 아무리 독창적인 디자인의 마천루가 탄생해도 에펠탑만큼의 유명세를 얻지는 못한다.

깔창을 낀 마천루

'세계 최고'라는 수식어는 시대를 막론하고 언제나 선망의 대상이었다. 앞서 말한 바와 같이 본격적인 산업시대가 도래하기 전까지 세계에서 가장 높은 건축물은 일반적으로 성당들이었다. 종교적 가치를 따르며 진리를 추구하는 영성의 장소인 성당들도 '세계 최고'라는 세속적인 수식어를 차지하기 위해 치열한 자존심 싸움을 벌여왔다. 여성들이 하이힐을 신어 자신의 키를 높이고 각선미를 살리는 것처럼, 중세시대의 성당들도 편법을 사용해 자신의 높이를 부풀렸다. 성당들이 건물의 높이를 부풀리기 위해 주로 사용하던 방법은 건물의 실질적인 구조와는 상관이 없는 높은 첨탑을 추가하는 것이었다. 하지만 이 첨탑이라는 것이 건물 전체와 구조적으로 연결되어 있기보다는 독립적으로 이식된 형태였기에 강력한 태풍이 올 경우 파괴되는 일이 종종 있었다. 1311년에 완공된 160미터의 링컨 성당은 1549년의 태풍으로 첨탑이 파괴되며 세계에서 가장 높은 건축물의 자리를 에스토니아의 탈린에 위치한 159미터의 성 올라프 교회에 내줘야만 했다. 한데 이 성 올라프 교회 또한 1625년 태풍으로 첨탑이 파괴되며 스트라스부르의 노트르담 대성당에 왕좌를 내주게 된다. 눈앞의 성과를 올리기 위해 세운 첨탑이 오히려 성당의 권위를 떨어트리는 결과를 초래한 것이다.

시간이 흘러도 건물의 높이를 부풀리기 위한 편법 활동은 계속되었다. 1920년대 말, 한창 공사가 진행중이던 크라이슬러 빌딩은 같은 시기에 세워지고 있던 맨해튼 은행 건물이 60센티미터 더 높을 것이라는 보도가 나오자 상층부에 안테나 모양의 얇은 방첨탑을 추가함으로써 세계에서 가장 높은 건축물이 될 수 있었다. 이러한 '하이힐'을 이용한 빌딩들의 키 속이기는 크라이슬러 빌딩을 제치고 세계에서 가장 높은 건물이 된 엠파이어스테이트 빌딩에서 정점을 찍었다. 381미터라는 엠파이어스테이트 빌딩의 높이 중 무려 61미터는 사실 하이힐의 굽이었던 것이다. 애초에 엠파이어스테이트 빌딩의 61미터짜리 최상단부는 '정박용 타워'로 계획되었다고 한다. 빌딩의 꼭대기에 열기구를 붙들어 정박시키고, 그곳에 착륙한 방문객들을 엘리베이터를 통해 내부 공간으로 유입시킨다는 공상과학적인 상상력을 실현시키려 한 것이다. 그러나 비행 열기구가 안전상의 이유로 상용화에 실패하면서 계류탑繫留塔의 역할을 상실한 첨탑은 방송용 안테나가 되는 것으로 만족해야만 했다.

하지만 건물 본체와 구조적으로 분리된 첨탑이나 안테나를 추가해 건물의 높이를 올리는 행위에 대한 부정적인 시각들이 대두되기 시작했다. 건물의 높이에 진실성이 없다는 비판이었다. 그리하여 건물들은 자신의 허구적 높이가 만천하에 드러나는 '하이힐'을 벗고 '깔창'을 끼기 시작했다. 한국의 젊은 남성들이 애용하는 깔창은 키를 부풀리기 위해 신발 안에 까는 보정물을 칭하는데, 이 깔창의 본질은 바로 은폐성에 있다. 신발 속에 잘 숨겨진 깔창은 마치 착용자 본연의 키인 것처럼 자연스럽게 녹아들고, 착용자의 자신감을 살려준다.

일반적으로 마천루 내부에는 사무실과 주거 공간이 빽빽하게 차 있을 것 같지만, 깔창을 깐 마천루에는 애초부터 겉으로 드러나지 않는 '차지할 수 없는 공간unoccupiable place'이 숨어 있다. 바깥에서 볼 때는 일반 층들과 마찬가지로 창문이 나 있지만, 이 창문들은 눈속임에 불과하다. 내부에는 수십 미터, 때로는 수백 미터 높이에 이르는 텅 빈 공간이 존재하는 것이다. 사람이 사용하는 깔창은 발밑에 깔리지만, 건축물의 경우 방문객의 접근이 가장 어려운 상층부에 까는 것이 일반적이다.

한국에도 지사가 있는 '초고층도시건축학회Council on Tall Buildings and Urban Habitat, CTBUH'는 전 세계 마천루에 대한 방대한 데이터베이스를 기반으로 마천루의 의미를 재정립하고 사회적 의미에 대해 연구하는 공신력 있는 단체로서, 모든 마천루 관련 서적에 빠짐없이 언급된다. 이 단체에서는 2013년에 '세상에서 가장 무의미한 마천루 톱 10'이라는 리스트를 발표했는데, 다른 말로 표현하자면 '세상에서 가장 높은 깔창을 낀 마천루 톱 10'이라고 할 수 있겠다. 이 불명예스러운 리스트의 1등을 차지한 것은 2010년 완공 이후 오늘날까지 세계에서 가장 높은 건물이라는 영예를 누리고 있는 두바이의 부르즈 할리파다. 총 828미터의 높이지만, 585미터 이후부터는 거대한 빈 공간을 벽으로 둘러싼 243미터의 깔창이 깔려 있다. 무려 전체 높이의 29퍼센트가 깔창인 것이다. 이외에도 450미터의 높이 중 30퍼센트에 달하는 133미터가 텅 빈 중국 난징의 그린랜드 지펑 타워, 366미터 중 36퍼센트에 달하는 131미터가 깔창으로 판명된 뉴욕의 뱅크 오브 아메리카 타워 등이 각각 2등과 3등의 불명예를 안았다. 이렇듯 '세계 최고'라는 타이틀을 차지하기 위해 수많은 건물들이 거금을 들여 무의미한 공간들을 만들어내며 소모적인 경쟁을 계속하고 있다. 물론 깔창을 까는 대신 그 자리에 실제 사용 가능한 공간을 만들어 세를 줄 수도 있을 것이다. 그러나 강남에도 임차인을 구하지 못해 텅텅 빈 사무용 빌딩들이 많다는 점에서도 알 수 있듯이, 초고층 건물 전체를 다 분양하는 일은 쉽지 않다. 초고층 빌딩의 소유주들은 세입자를 찾을 수 없을지도 모르는 불확실한 상황에서 비싼 공사비용을 부담하며 실사용 공간을 늘리기보다는 깔창을 끼워 건물의 체면을 세우는 데 더 주력하는 것이다. 초고층도시건축학회는 이러한 과열에 제동을 걸기 위해 마천루의 높이를 측정하는 다양한 방식을 제안한다. 그들은 안테나의 높이를 뺀 '하이힐을 벗은 높이', 비사용 공간의 높이를 뺀 '깔창 벗은 높이' 등을 새로운 기준으로 삼아 여러 버전의 '세계에서 가장 높은 마천루 순위'를 발표하고 있다.

높이 경쟁이 시작된 중세시대에는 한번 기록이 세워지면 그 기록은 오래도록 지속되었다. 링컨 대성당과 스트라스부르의 노트르담 대성당 등이 200년이 넘도록 타이틀을 유지할 수 있었던 것은 성당 하나 짓는 데 수십 년에서 수백 년이 걸렸던 당시의 기술력 덕분이다. 그러나 20세기에 들어서 시공기술의 비약적인 발전이 있은 후로는 10년 이상 1위 자리를 유지하는 것이 쉽지 않게 되었다. 특히 중국과 중동 같은 신흥 경제 강국들은 실용적인 이유에서라기보다는 자국민의 자긍심을 고취시키기 위해 높은 깔창을 깐 초고층 빌딩들을 지어대고 있다. 2018년 완공을 목표로 2013년 시공에 들어간 사우디아라비아의 킹덤 타워는 그 높이가 무려 1킬로미터에 달할 것으로 알려져 있다.

이러한 높이 경쟁에 대해 자본주의 사회의 폐해를 가장 직접적으로 보여주는 예라는 진단을 내릴 수도 있겠다. 재산을 많이 모았다고 해서 부에 대한 열망이 사그라지기는커녕 탐욕이 커지는 경우가 많이 있는 것처럼, 높은 건물을 지으면 지을수록 더 높은 건물을 짓고 싶어지는 것이다. 허나 이런 무모한 경쟁의 끝은 공허하기만 하다. 초고층 건물은 항상 더 높은 건물로 대체 가능하고, 1킬로미터의 킹덤 타워가 세워진다 한들 언젠가는 2킬로미터의 빌딩이 세워질 것이기 때문이다. 냉철한 시장주의의 잣대로 생각해보아도 높이 경쟁은 그리 효율적이지 못하다. 이 장에 언급된 수많은 타워들은 모두 언젠가 한 번씩은 세계에서 가장 높았던 건물들이다. 그러나 엠파이어스테이트 빌딩 정도를 제외하고는 다소 생소한 이름이 대부분일 것이다. 자국민이 아닌 이상 시시각각 변하는 순위는 큰 의미가 없다. 국제적 위상을 위해 높은 건물을 지어대지만 실상은 자국민밖에 그 사실을 인지하지 못한다는 점이 이러한 높이 경쟁의 쓸모없음을 잘 보여준다.

그렇다면 에펠탑의 경우는 어떠한가? 300미터라는 높이는 이제 더이상 경이로운 수치가 아니며, 심지어 초고층 건축물의 정의에도 포함되지 못한다. 초고층도시건축학회는 '고층 빌딩'의 정의를 전체 높이의 50퍼센트 이상이 실제 사용 공간인 건물로 규정하며, 에펠탑을 비롯한 통신용 안테나 및 전망대 건축물은 애초에 배제했다. 그럼에도 불구하고 에펠탑은 초고층도시건축학회에 소개된 그 어떤 초고층 빌딩보다 높은 세계적 인지도를 누리고 있다. 그렇다면 그 인지도는 어디서 오는 것일까?

가장 유명한 고철덩어리

에펠탑의 성공 요인을 분석하기 위한 나의 노력은 계속해서 실패하고 있다. 에펠탑의 예술성을 높이 산 예술가들에 의해 재탄생된 탑의 이미지가 신화를 확산시키는 데 기여했다는 나의 가설은 모순성의 미궁으로 빠져들었고, 세상에서 가장 높은 건축물이라는 타이틀은 이미 80년 전에 빼앗겼다. 그렇다면 에펠탑의 신화를 어떻게 설명할 것인가.

사실 에펠탑 신화에 대해 논리적인 설명을 하려는 시도는 이미 반세기 전 프랑스 철학자 롤랑 바르트에 의해 많은 진척이 있었다. 사회적 현상의 뒤편에 숨어 있는 의미를 찾아내는 데 관심이 많았던 기호학자 롤랑 바르트는 1964년 출간한 짧은 저서 『에펠탑La Tour Eiffel』에서 에펠탑을 '완전히 쓸모없는 기념물'이라 표현하며 이 성공 신화의 일등공신은 바로 에펠탑의 현실적 무용성이라 말했다.

> (안테나 등) 에펠탑의 실용적 구실은 사람들을 엄밀히 인간적이게 해주는 그 위대한 상상의 기능에 비하면 보잘것없다.

부동산적 가치의 관점에서 본다면 에펠탑은 바르트의 말대로 완전히 쓸모없는 건축물이라고 할 수 있다. 건축이나 부동산에 조금 관심이 있는 사람은 용적률이란 말을 들어본 적이 있을 것이다. 용적률이란 대지 면적에 대한 건축물의 총 실내 면적의 비율을 나타내는데, 건물의 높이를 규제하기 위한 제도라고 볼 수 있다. 용적률이 250%로 제한된 제2종 일반거주지역에 100평짜리 토지를 매입했다면 총 250평, 예를 들면 50평의 바닥 면적을 가진 건물을 5층까지 올릴 수 있게 된다. 만약 에펠탑에 대한민국 건축법을 적용한다면 어떻게 될까? 에펠탑에는 일반 음식점이 입점해 있으므로 제2종 근린생활시설로 분류할 수 있다. 에펠탑은 또한 방송 안테나의 역할도 하기 때문에 방송통신시설로 분류될 수도 있다. 제2종 근린생활시설과 방송통신시설은 모두 일반 공업지역에 지어지는데, 대한민국 일반 공업지역의 용적률은 200퍼센트 이상 350퍼센트 이하다. 반면 에펠탑의 용적률은 어떻게 될까? 에펠탑이 서 있는 토지의 면적은 1만 5000제곱미터이고, 에펠탑 내부의 전망대와 식당 등의 면적을 합친 총 실내 면적은 약 6200제곱미터이므로 용적률이 약 41퍼센트라는 계산이 나온다. 물론 에펠탑 같은 특수 구조물에 일반적인 법률을 적용시킬 순 없지만, 이러한 용적률 수치는 에펠탑의 무용성을 잘 보여준다.

바르트의 주장처럼 에펠탑이 이토록 오랜 기간 사랑받을 수 있었던 이유가 에펠탑의 무용성에 있다는 전제하에 추론을 계속해 보자. 에펠탑이 만약 획기적일 정도로 실용적인 건축물이었다면, 용적률로 만든 도시 맨해튼에 마천루들이 빼곡히 들어선 것과 같이 파리에도 수십 개의 에펠탑들이 들어섰을 것이다. 그러나 워낙에 '쓸모없는' 건축물이기에 파리는 단 하나의 에펠탑만으로 만족할 수 있었다는 결론을 내릴 수도 있다. 다시 말해 에펠탑의 무용성 덕분에 무분별한 복제가 이루어지지 않았고, 오히려 희소성의 가치를 얻을 수 있었다는 말이다. 물론 이런 추론은 반만 맞는 얘기다. 파리 자체에는 에펠탑이 하나밖에 없지만 전 세계적으로 봤을 때 수십 수백 개의 에펠탑 모사품이 존재하기 때문이다.

이런 식으로도 생각해볼 수 있겠다. 에펠탑이 그토록 유명한 것은 수많은 모조 전망대들의 원조이기 때문은 아닐까? 인류는 '세계 최고'라는 타이틀 못지않게 '세계 최초'라는 타이틀에도 꽤 집착하지 않는가. 하지만 이러한 이론도 모든 것을 설명하지는 못한다. 예를 들어 그 누구도 최초의 회전관람차가 무엇이었는지 기억하지 못한다. 사실 구조적으로나 예술적으로 봤을 때 회전관람차는 에펠탑 못지않게 거대하고 독창적인 철골 건축물이고, 전망대의 역할을 수행한다는 점도 같다. 엘리베이터를 타고 올라가거나 계단을 걸어올라가야만 하는 에펠탑에 비해 회전하는 거대한 바퀴에 매달린 객실에 올라타기만 하면 되는 회전관람차는 오락성이나 편의성에서도 에펠탑보다 뛰어나다. 파리의 튀일리 정원 한쪽에는 연말연시마다 거대한 회전관람차가 세워져 축제 분위기를 돋우고, 런던아이는 1999년에 건설된 이후 런던의 대표적인 관광 명소로 자리잡았다.

페리스의 회전관람차

회전관람차의 탄생 배경에는 에펠에 뒤지지 않는 열정과 행동력을 지닌 조지 페리스George Ferris라는 엔지니어가 있었다. 이야기의 전말은 이러하다. 영국과 프랑스 같은 전통적인 산업 강대국의 뒤를 바싹 쫓아가던 미국은 1892년 시카고에서 만국박람회를 열 계획을 세운다. 프랑스혁명 100주년을 기념하는 1889년 파리 만국박람회를 위해 에펠탑이 세워졌듯이, 1492년 콜럼버스의 아메리카 대륙 발견 400주년을 기념하는 이 행사에는 에펠탑을 능가할 건축물이 필요했다. 미국의 입장에서는 독립 100주년을 기념하는 1876년 필라델피아 만국박람회를 위해 계획한 센테니얼 타워를 성공시키지 못하고, 거의 동일한 설계의 타워가 파리에 세워져 엄청난 명성을 얻은 것이 심히 배 아프기도 했던 터였다. 이번에야말로 산업 강국의 면모를 보이겠다는 부담이 얼마나 과했는지 심지어 박람회가 1년 연기되어 열릴 정도였다. 마천루의 아버지라 불리는 건축가 다니엘 버넘Daniel Burnham의 지휘 아래 박람회장이 제 모습을 갖춰가기 시작했지만, 에펠탑에 견줄 만한 진기한 건축물은 그 구상 단계부터 의견이 분분했다. 영국 그레이트 타워의 실패에서 봤듯이 단순한 에펠탑 모방품은 대중의 지지를 얻지 못할 것이 불 보듯 뻔했기에 여러 기발한 제안들이 나왔다. 그중에는 로마의 콜로세움을 사서 시카고로 가져와 다시 조립하자는 의견, 직경 900미터에 높이 300미터짜리 기둥을 세워 거대한 천막 모양의 구조물을 짓자는 의견 등 기상천외하고 유쾌하지만 실현 가능성이 없어 보이는 것들이 대다수였다. 에펠탑과 외형적인 유사성이 없으면서도 그에 못지않게 충격적이고, 동시에 실제로 건설 가능한 건축물을 상상하기란 쉽지 않았을 것이다. 쾨슐랭과 누기에는 외형적인 독창성보다는 바람의 저항을 이겨내면서 300미터 높이까지 올라갈 수 있는 타워라는 단순하고 공학적인 관점에서 에펠탑을 설계했고, 영국의 후발주자들은 더 높은 타워 건설에만 열을 올렸다. 반면에 조금 더 똑똑했던 미국의 후발주자들은 에펠탑과 다른 상징물의 건설이 중요하다는 점을 인지했다. 심지어 어떤 이는 미국의 독창성을 보여줄 수 있는 유일한 방법은 '에펠탑에 회전축을 달아서 돌아가게 하는 것'이라고도 했다.

이러한 유아적인, 그러나 대단히 창의적인 브레인스토밍에서 착안한 것일까. 당시 30대 초반의 젊은 공학자 페리스는 놀이기구용 회전차를 제안한다. 시카고의 한 음식점에서 식사를 하던 페리스는 마치 뮤즈로부터 영감을 부여받기라도 한듯 회전관람차의 기본적인 원리부터 세부적인 디테일까지 전부 그 자리에서 떠올렸다고 한다. 그는 직경 75미터짜리 거대한 바퀴의 구조, 바퀴에 매달릴 차량 대수, 탈 수 있는 사람 수와 요금, 작동 원리 등을 노트에 스케치했다. 식사가 끝나기 전에 거의 모든 세부 설계를 마친 그는 곧바로 박람회위원회를 찾아갔다. 현장 경험은 있지만 아직 충분히 검증되지 않은 젊은 엔지니어였던 페리스의 설계가 과연 실현 가능한가에 대한 의문이 제기되었다. 몇 주 후 그

fig.62 1893년 시카고 박람회 당시 페리스의 회전관람차. 회전 바퀴에 매달린 36개의 버스 크기만한 객차에는 40명의 관람객이 앉을 좌석이 있었지만 때로는 자리가 모자라 서서 타는 사람이 있을 정도로 인기가 높았다. 각 객차에는 유니폼을 입은 차장이 관람객들의 출입을 통제했고, 타는 문과 내리는 문도 따로 분리돼 효율적인 관리가 가능했다.

는 숙련된 공학자 윌리엄 그로노William F. Gronau의 도움을 받아 자신의 프로젝트에 대한 확신을 전파하는 데 성공하고, 관람차의 시공에 들어가게 된다.

페리스의 관람차는 수많은 의심의 눈초리 속에서 1893년 6월 21일, 완벽하게 회전하며 성공적으로 시운전을 마쳤고, 19주의 박람회 기간에 약 1만 번을 돌며 150만 명의 승객을 맞이했다. 페리스의 관람차는 박람회 후 해체되었지만 1894년 샌프란시스코 박람회장, 1895년 런던 박람회장, 1900년 파리 박람회장 등에서 그 모방작이 세워지며 오늘날까지 많은 이들의 사랑을 받고 있다. 그렇다면 과연 페리스의 관람차는 에펠탑에 버금가는 인류의 문화적 자산이라 볼 수 있을까? 애석하게도 이 세상의 그 어떤 회전관람차도 에펠탑과 같은 문화적 경외감을 불러일으키지 못한다. 이런 현상은 바르트의 '무용성의 논리'로 어느 정도 설명이 가능하다. 회전관람차의 지나치게 뛰어난 오락성과 실용성이 오히려 관람차의 문화적 평가 가치를 하락시키고 단순한 오락시설에 머무르게 만든다. 한국을 포함한 대다수의 나라에서 회전관람차는 놀이공원에 부속된 경우가 대부분이다. 물론 놀이공원에 에펠탑의 모조품이 세워지는 경우도 있다. 그러나 일반적으로 사람들은 '에펠탑' 하면 파리의 에펠탑을 생각하지 놀이공원에 서 있는 모조 에펠탑을 떠올리지는 않을 것이다. 반면 '회전관람차'라는 말에 즉각적으로 '페리스의 관람차'를 연상하는 사람은 거의 없을 것이다.

40여 권이 넘는 건축 관련 서적을 집필한 건축사학자 임석재는 에펠탑의 성공 원인을 '기술 대중주의'에서 찾는다. 4장에서 소개한 에펠탑의 시공 공법들은 사실 동시대의 공학자들에게 그리 혁신적인 기술은 아니었다. 자본만 뒷받침된다면 이미 그 시절의 기술력으로 수백 미터의 타워도 세울 수 있었던 것이다. 그러나 대중의 시선으로 볼 때 에펠탑은 그 규모와 기술 면에서 혁신적인 건축물이었다. '페리스의 관람차'도 이러한 기술 대중주의의 관점에서 본다면 에펠탑에 견줄 만한 훌륭한 건축물이었다.

홀로그램 카드

나는 이쯤에서 에펠탑의 신화를 설명하려는 시도를 멈추려 한다. 비록 단 하나의 명확한 해답을 제시할 수는 없었지만, 긴 논리 전개에서 추론된 몇 가지 이론들을 종합해보니 신화의 실체가 많이 드러났다는 결론이 났기 때문이다. 에펠탑의 신화가 100년이 훌쩍 넘는 세월 동안 지속될 수 있었던 이유를 나름대로 정리해보면 다음과 같다.

초기 에펠탑 신화는 다음 서너 가지 요소를 바탕으로 이뤄졌다.

첫째, '높이의 이론'이다. 당시로서는 '세계 최고'인 300미터 타워라는 점이 신화의 출발이었다.

둘째, '근대성의 이론'이다. 철이라는 새로운 재료의 이용과 고전주의적 양식에서 벗어난 공학 설계가 신화 창조에 기여했다.

셋째, '최초성의 이론'이다. '세계 최초'의 전망탑이라는 점 또한 신화 형성에 작용했다.

넷째, '기술 대중주의 이론'이다. 동시대에 통용되던 공업 용법을 일반 대중에게 소개함으로써 호기심을 불러일으켰다.

에펠탑의 파급효과와 관련해서는 다음의 두 가지 이론을 이끌어낼 수 있다.

다섯째, '상업성의 이론'이다. 입장료 수익, 기념품 사업, 상업적 용도의 모방품 건설 등을 통해 수익성이 검증되었다.

여섯째, '예술성의 이론'이다. 공사 초기, 예술가들의 격렬한 반대는 오히려 에펠탑에 대한 관심을 증폭시키며 신화 창조에 기여했다. 이후 수많은 예술가들에 의해 예술작품으로 재해석되었다.

마지막 일곱번째로 철학자 롤랑 바르트가 주장했던 '무용성 이론'이다. 탑이 완전히 쓸모가 없기 때문에 세속적인 잣대에서 벗어나 고유한 가치를 부여받았다.

에펠탑의 신화를 추적하는 과정에서 이렇게 총 7개의 이론이 거론되었다. 따로 떼어서 보면 그럴싸한 이 이론들은 사실 부분적으로만 에펠탑 신화를 설명할 뿐 완전한 설명이라고 할 수는 없다.

앞의 네 이론은 시간이 흐르면서 유효성을 잃게 되었다. 마천루의 시대가 도래하면서 300미터라는 높이는 예전의 상징성을 잃었고, 새로운 재료를 사용한 혁신적인 건축 디자인 또한 전 세계에 산재해 있다. 그 누구도 세계 최초의 회전관람차인 페리스 관람차를 기억하지 못한다는 점에서도 에펠탑 신화를 단지 '세계 최초'의 전망탑 내지는 '공업 용법의 대중화'라는 이유만으로 설명할 수는 없다. 다섯째와 여섯째 이론은 도대체 어떠한 이유에서 에펠탑이 상업적으로도 예술적으로도 매력적인 대상이 될 수 있었는지에 대해 명확한 해답을 주지 못한다. 오히려 두 이론의 상호모순적인 면모가 부각되어 본질 파악에 어려움을 주었다. 마지막으로 무용성 이론은 물질적 유용성이 없기에 정신적 유용성을 부여받았다는 이론이다. 바르트가 에펠탑에 대해 논하던 1960년대까지만 해도 입장객의 수가 지금의 3분의 1 수준이었고, 미국의 놀이공원이나 중국의 파리 마을처럼 에펠탑 이미지에 대한 극단의 상업적 차용이 없었다는 점을 감안해보면 당시로서는 이 이론이 어느 정도 합당한 해석이었다. 하지만 이 매력적인 이론도 오늘날에는 온전히 적용되지 못한다. 상업성의 이론에서도 보았듯이 에펠탑의 수익적 가치가 입증되었기 때문이다. 에펠탑은 문화적 상징의 차원을 넘어 실질적인 하나의 산업으로서 평가받고 있다.

이러한 논증을 모두 종합해 나는 마지막으로 한 가지 이론을 덧붙일까 한다. 바로 '홀로그램 이론'이다. 보는 각도에 따라 이미지가 달라지는 홀로그램 카드처럼 에펠탑에는 시대와 분야를 초월해 인류가 부여하고 싶어하는 모든 종류의 다중적인 의미를 투영할 수 있다는 것이다.

에펠탑 신화를 설명하기에 가장 적합한 키워드는 바로 '모순성을 포함하는 복합성' 내지는 '관대함에 가까운 복합성'이 아닐까 생각한다. 우리는 에펠탑에서 원하는 모든 것을 읽을 수 있다. 실제로 에펠탑의 총체적 해부도를 표방하는 이 책에도 19세기 이후 서구 사회의 역사, 문화, 예술 등이 언급된다. 에펠탑이 공학도에게는 근대 공학의 승리의 상징으로, 경영인에게는 역사상 전례 없는 훌륭한 상업시설로, 20세기 초 예술가들에게는 모더니즘의 상징으로, 예술 애호가에게는 들로네의 그림으로, 역사학자에게는 19세기 프랑스와 영국 간 자존심 싸움의 상징물로, 롤랑 바르트에게는 거대한 기호로 보일 것이다. 에펠탑은 너무나 거대하고 관대하여 그 안에는 예술과 산업, 자본주의와 공산주의 같은 서로 상반되는 의미들까지 모두 공생한다. 이러한 복합성 덕분에 에펠탑은 시대가 바뀌어도 새로운 의미를 부여받으며 그 위상을 이어갈 수 있었다.

이분법적 사고가 지배하던 모더니즘 사회를 거쳐 탈근대적 사고의 포스트모더니즘 시대가 도래하자 에펠탑은 '근대의 상징'이라는 근엄한 가면을 벗어던지고 때로는 카지노 한복판에 서서, 때로는 미국 농촌 마을에서 빨간색 카우보이 모자를 쓰며 살아남았다. 포스트모더니즘 건축의 선구자인 로버트 벤투리Robert Venturi가 라스베이거스의 우스꽝스러운 상업 간판들에서 포스트모던 사회의 전조를 읽었다면, 준공 이후부터 지금까지 수많은 우스꽝스러운 복제품을 만들어내는 에펠탑이야말로 포스트모더니즘을 대표하는 건축물이라고 해석할 수도 있겠다.

에펠탑이라는 거대한 홀로그램 카드는 비록 에펠에 의해 세워졌지만, 그 공이 온전히 구스타브 에펠에게만 돌아가는 것은 아니다. 에펠탑은 19세기 말의 파리라는 특정한 시공간에서 세워졌기에 오늘날과 같은 의미를 가질 수 있었다. 그리고 20세기 초 예술계의 모더니즘 운동에 의해 예술적 정당성을 부여받았고, 자본의 도움으로 민들레 씨 흩날리듯 전 세계에 모조품으로 세워졌다. 시대성이 에펠탑이라는 신화를 잉태했다면, 예술과 자본이 이 신화를 확산시킨 것이다. 거기에 학자들이 인문학적 가치까지 부여하며 일종의 눈사태 효과가 일어나 에펠탑은 그야말로 신화에 가까운 존재가 되었다. 적어도 오늘날까지 에펠탑은 끊임없이 변하는 대중의 취향에 맞춰 시시각각 새로운 모습을 보여주고 있다. 에펠탑의 역사는 인류의 역사와 함께 변화해온 것이다. 결국 이 신화의 주인공은 에펠탑이 아닌, 바로 인류 그 자체가 아닐까 생각해본다.

책을 마치며

la tour Eiffel

랜드마크 증후군

2015년을 기준으로 대한민국의 GDP는 1조 5천억 달러에 육박한다. 수치로만 본다면 세계에서 13번째로 부자 나라인 셈이다. 사람이 돈을 벌면 집, 자동차, 옷 같은 외향을 꾸미는 데 투자하듯, 우리나라에서도 세계적인 경제 수준을 외관상으로 발현하기 위한 노력이 계속되고 있다. 남산타워나 63빌딩 같은 '낡은' 건축물 말고, 수도를 대표하는 좀더 번지르르한 건축물을 짓자는 이른바 '랜드마크 증후군'이 본격적으로 발병한 것은 21세기에 들어서이다.

랜드마크 증후군의 가장 성공적인 발병 사례인 에펠탑은 제국주의가 한창 꽃피던 시기에 세워졌다. 반면 다극화 사회를 살아가는 현대인들이 1889년의 유럽인들처럼 '위대한 건축물' 앞에 머리를 조아리며 감탄할지는 의심이 든다. 그래도 굳이 대한민국의 랜드마크 증후군 발병 사례에서 긍정적인 부분을 찾아보자면, '세계에서 가장 높은 건축물을 세우자'와 같은 일차원적인 제안은 나오지 않았다는 것이다. 2001년 9·11 테러 이후 전 세계적으로 고층 빌딩에 대한 열망의 시대는 끝이 났고, CTBUH 회장이 시인한 것처럼 고층 빌딩의 미래는 불투명하다는 것이 전문가들 사이의 일반적인 공론이다. 세계에서 고층 빌딩에 목을 매는 국가는 중국과 중동 같은 신흥 강대국들뿐인 것에서도 알 수 있듯이, 높이로 세상을 지배하는 시대는 저물고 있다. 비록 대부분의 마천루가 국가가 아닌 사기업에 의해 지어진다고는 하나, 서울시의 행정가들은 이 정도의 트렌드를 읽는 눈이 있었던 것 같다. 그들이 눈여겨본 것은 파리의 에펠탑이나 두바이의 고층 빌딩이 아닌 스페인의 한 쇠락한 광산도시의 박물관이었다. 바로 몇 해 전 개관한 동대문 디자인 플라자의 롤모델로 국내 언론에서도 자주 언급한 빌바오의 구겐하임 미술관이다.

빌바오 구겐하임 미술관

대규모의 철이 매장된 빌바오에는 20세기 초반 수많은 제철,

철강, 조선 공장과 광산이 문을 열었다. 한때 스페인 내에서 가장 부유한 도시 중 하나로 손꼽히며 승승장구하던 빌바오의 영광은 그러나 그리 오래가지 못했다. 1980년대에 불어닥친 경제공황 이후 모든 공업시설이 폐쇄되면서 경제적으로 자립할 기반을 잃어버리게 된 것이다. 더군다나 빌바오는 공해도시라는 낙인까지 찍혀 점점 아무도 찾지 않는 유령도시가 되어갔다. 결국 1989년 스페인 정부는 735만 유로(약 100억 원)라는 천문학적인 액수를 들여 2000년까지 이 쇠락한 공업도시를 다시 활성화시키겠다고 발표한다. 그리고 그 프로젝트의 중심이 되는 것이 바로 빌바오에 문화 예술의 도시라는 이미지를 선사할 세계적인 미술관의 건립이었다. 스페인 정부는 뉴욕의 구겐하임 미술관 재단과 접촉해 빌바오에 분점을 개설할 권리를 얻어낸다.

뉴욕현대미술관MOMA과 더불어 뉴욕을 대표하는 미술관인 구겐하임은 내부의 미술품 컬렉션 못지않게 미국의 대표적 건축가 프랭크 로이드 라이트Frank Lloyd Wright가 설계한 원통형의 건물로도 유명하다. 1959년에 개장한 라이트의 구겐하임에 비견할 명품 건축물이 필요했던 스페인 정부는 당대의 스타 건축가인 프랭크 게리Frank Gehry에게 설계를 의뢰한다. 그리고 결과는 대성공이었다. 한 점의 훌륭한 추상 조각을 연상시키는 구겐하임 미술관은 빌바오의 '랜드마크'로서 역할을 충실하게 수행해냈고, 매년 수백만 명의 관광객이 20세기의 걸작을 보기 위해 이 생소한 이름의 도시를 찾게 된다. 빌바오 시는 수천억 원의 관광 수익을 올리며 이를 기반으로 도시 활성화가 이루어지기 시작했다. 건축으로 사회를 계몽하겠다는 야망을 품었던 20세기 초의 현대 건축가들 중 그 누구도 이루지 못한 꿈을, 사회적 의지보다는 작가주의적 취향이 더 강한 게리가 이뤄낸 것이다.

서울에 세계적인 랜드마크적 건축물이 필요하다고 하는 사람들이 주로 예시로 드는 것이 바로 이 빌바오 구겐하임 미술관이다. 그만큼 그 성공은 독보적이었다. 서울시에서 주최하는 대부분의 대규모 건축 공모전들은 랜드마크적 요소를 필수적으로 요구한다. 비록 무산되었지만 '천년의 문' 프로젝트가 그러했고, 말도 많고 탈도 많았던 '신 서울시청사' 공모전이 그러했고, 그 어떤 프로젝트보다 서울시가 야심만만하게 준비했던 동대문 디자인 플라자가 그러했다. '서울을 디자인하라'는 오세훈 전 시장의 특명을 받고 서울 부시장급의 디자인서울총괄본부장으로서 디자인 서울 프로젝트를 이끌었던 권영걸은 DDP의 중요성에 대해 다음과 같이 말한다.

> "DDP는 오세훈 시장의 서울시 '도심활성화사업' 중 가장 핵심이 되는 사업으로, 쇠퇴한 동대문 일대의 경제를 활성화해 도심 전체를 개발하고, 나아가 서울을 세계 톱 10의 도시로 끌어올리는 계획의 첫 단추인 셈이다."

2007년 8월, 국제현상설계 공모를 통해 당선된 이라크 출신 여성 건축가 자하 하디드의 작품 〈환유의 풍경〉은 시드니 오페라하우스나 빌바오 구겐하임 미술관처럼 랜드마크 건축을 전격적으로 표방하는 호화스러운 조형물이다. 그녀의 작품은 심지어 단색조의 외장과 유기적인 형태까지 앞의 두 건축물과 흡사한 분위기를 자아낸다. 자하 하디드는 건물을 디자인할 때 주변 환경을 고려하기보다는 자신의 건물 자체로 하나의 콘텍스트를 창조해내길 원했다. 이러한 설계 원칙은 매우 독창적인 형태의 건물을 만들어냈지만, 옛 동대문운동장 부지의 특수성과 역사성을 전혀 고려하지 못했다는 국내 건축계의 비판에서 자유롭지 못했다.

"건물을 디자인할 때 반드시 주변 환경을 고려해야 한다고 생각하지 않는다. 콘텍스트는 디자인한 건물과 그 건물을 사용하는 사람들에 의해 새롭게 만들어질 수 있기 때문에 A라는 건물은 이러해야 하고, B라는 건물은 이러해야 한다는 사고를 혐오한다."

—자하 하디드, 런던 현지 인터뷰 중, 2007. 11

"하디드 작품을 보면 동대문운동장이 가졌던 땅의 역사성이 전혀 느껴지지 않아요. 그런 건물은 강남에는 어울리지만 그 터에는 안 어울려요. 한마디로 땅이 불쌍한 거지요."

—승효상, '조선일보' 인터뷰 중, 2008. 8

표면적으로 DDP 프로젝트에서만큼은 세계적인 랜드마크를 지어야겠다는 의지가 강했던 서울시와 자신의 예술가적 기질을 전적으로 발휘하려 했던 자하 하디드의 의견이 잘 맞아떨어진 것으로 보였다. 한편, 역사성을 기반으로 시민들과 직접 소통하는 건축물을 만들려 했던 한국의 기성 건축가들은 한발 물러서서 동대문운동장 부지가 파헤쳐지는 것을 지켜보게만 되었다. 하지만 장기적으로 봤을 때 과연 서울시의 선택은 옳았던 것일까? DDP는 과연 그들의 의도대로 그 자체로 외국 관광객을 모으는 명소이자, 서울의 디자인이 세계로 뻗어나가는 통로이자, 세계의 첨단 디자인들이 서울로 들어오는 관문이 될 수 있을까? 하디드의 작품을 통해 도시 랜드마크의 특징이 건축물의 높이보다 디자인이나 특색 있는 문화 콘텐츠에 있음이 다시 한번 입증되었다는 심사위원단의 평가는 조금은 아이러니하다. 서양에서 공부한 아랍계 건축가가 지은 형이상학적 건축물이 과연 대한민국의 랜드마크가 될 수 있을까? 물론 자하 하디드의 건축을 역사성의 잣대로 평가하는 것은 이치에 어긋나는 일일 수도 있다. 그녀의 건축이 방문객들에게 새로운 공간적 경험을 선사한다는 점과 설계부터 마감까지 세계 최고의 수준에서 이루어진 유기적 건축물을 서울 시내에서 볼 수 있다는 점 등은 매우 긍정적인 효과이다. 그러나 그것이 대한민국의 특색 있는 문화 콘텐츠가 될 수 있을까에 대해서는 의문이 든다. 서울과 빌바오는 같은 선상에 놓고 비교

할 수가 없다. 죽어가는 공업도시였던 빌바오는 사막에 꽃을 피우듯 획기적인 하나의 콘텐츠로 새로운 시대를 맞이할 수 있었는지 모르지만, 오랜 역사와 풍부한 문화를 담고 있는 서울은 몇 십년간 방치된 거대한 정원과 같다. 서울에 필요한 것은 새로운 꽃을 심는 일이 아닌, 원래 피어 있는 꽃들이 서로 엉킨 것을 풀어주고 보기 좋게 정리하는 일이다. 새로 지은 건축물 하나로 도시에 정체성을 불어넣을 수 있다는 생각은 참으로 19세기적 발상이 아닐 수 없다. 또한 서울은 빌바오와 비교도 할 수 없을 만큼 규모도 크고, 야심찬 건축물도 즐비하다.

에펠탑으로부터 배우기

파리는 중심이 하나다. 종교 권력의 상징인 노트르담 대성당과 정치 권력의 상징인 루브르 궁전이 모두 중심부에 위치해 있다. 경제활동의 중심인 증권시장과 프랑스 중앙은행, 문화와 학문의 중심인 대학가, 공연장, 출판사 등도 모두 중심부에 자리하고 있다. 반면 서울에는 여러 개의 중심이 존재한다. 증권시장은 여의도에 있고, 흔히 대학로라 칭하는 혜화역 인근이나 신촌·홍대 인근은 산발적으로 위치해 있으며, 강남, 이태원, 명동, 종로 등 비슷비슷한 규모의 유흥가도 서울 시내 곳곳에 퍼져 있다. 이렇듯 서울 내에는 일정한 거리를 두고 유사한 풍경들이 반복된다. 중심지라고 불리는 곳들에는 항상 어디서 본 듯한 높은 건물들과 대형 마트, 영화관, 빵집, 식당, 카페 등 각종 체인형 매장들이 입점해 있다. 서울은 오랜 역사를 지닌 만큼 도시의 경계도 점점 확장돼왔고 도시 속 콘텐츠도 진화를 거듭해왔지만, 그 속에서 시간의 켜를 찾아보기는 어렵다. 서울은 항상 본연의 상징을 버리고 새로운 상징을 건립하기 위해 애써온 것이다. 다수의 번화가들과 산발적인 랜드마크들은 오히려 도시의 상징성을 빈약하게 만들었다. 서울은 한 건물의 강력한 이미지로 요약되기에는 이미 너무 넓고 높은 도시가 되어버렸다.

에펠탑은 파리를 대표하기 위해 세워진 것이 아니었다. 만국박람회라는 특별한 이벤트를 위해 만들어져 30년 후에 철거하기로 계획된 임시 건축물에 불과했다. 그러한 에펠탑이 오늘날 파리를 대표하는 건축물이 될 수 있었던 것은 파리라는 도시가 상징하는 문화적, 예술적, 기술적, 경제적, 사회적 특징들이 에펠탑이라는 상징물 아래 집약되었기 때문이다. 우리도 서울을 대표하는 랜드마크를 논하기에 앞서 우리가 이미 가지고 있는 대표적 이미지를 더욱 또렷이 할 필요가 있다. 꼭 화려하고 웅장한 건물 한 채에만 의존할 것이 아니라 서울의 정체성을 확립하는 과정이 우선시되어야 하는 것은 아닐까 생각해본다.

도판 목록

1장

fig.1, fig.2 Fred. C. Lynde, Descriptive illustrated catalogue of the sixty-eight competitive designs for the great tower for London, Tower Company, London, 1890.
fig.3 The first and only completed stage of Watkin's Wembley Tower, c.1900.
fig.4 General View of Wembley Park, c.1890.
fig.5 The Crystal Palace from the northeast, Dickinsons' comprehensive pictures of the Great Exhibition of 1851, London, 1854.
fig.6 Franz Xaver Winterhalter, Portrait of Napoleon III, 1855.
fig.7 Thierry Bézecourt, Example of haussmannian architecture, Rue Monge, Paris, 2005. ©Thierry Bézecourt
fig.8 Eugène Atget, Porte d'Italie, Les zoniers, 1913.
fig.9 Édouard Baldus, Palais de l'Industrie, c.1850–60.
fig.10 La rue de Rivoli, France, 1871.

2장

fig.11 200 French franc banknote, The European Central Bank. ©ECB
fig.12 AlfvanBeem, Tour Eiffel et Trocadero, 2008. ©AlfvanBeem
fig.13 Eiffel Tower and the Trocadero, Exposition Universal, LC-DIG-ppmsc-05218, Prints and Photographs Division, the U.S. Library of Congress, 1900.
fig.14 Gabriel Millos, Champ de Mars-École Militaire, 2007. ©Gabriel Millos

fig.15 Paris Exposition, view from ground level of the Eiffel tower with Parisians promenading, LC-USZ62-24999, Prints and Photographs Division, the U.S. Library of Congress, 1889.

fig.16 Marcel Proust, 1900.

fig.17 Robert de Montesquiou, c.1880.

fig.18 Marie-Noëlle Goffin, Timbre de 1982, Gustave Eiffel 1832-1923. ©Marie-Noëlle Goffin/La Poste

fig.19 Ponte sobre o Douro, Diário Ilustrado, 3, 1877.

fig.20 Marki Wolf Cobain, Câu Long Biên, 2009. ©Marki Wolf Cobain

fig.21 Gustave Eiffel, Framework of the statue, *Scientific American*, 6, 1885.

fig.22 Elcobbola, Statue of Liberty, 2010. ©Elcobbola

3장

fig.23 J Thomas, Lincoln Cathedral, 2007. ©J Thomas

fig.24 Túrelio, WashingtonDC Obelisk, 2000. ©Túrelio

fig.25 Brooklyn Bridge and Lower Manhattan, 1899.

fig.26 F. Dye, Trevithick's proposed cast-iron tower(1832), *Popular Engineering*, London, 1895.

fig.27 The proposed 1,000-foot iron tower designed by Clarke, Reeves & Co. for the Centennial Exhibition of 1876 at Philadelphia, *Scientific American*, 1, 1874.

fig.28 Maurice Koechlin, Émile Nouguier, Premier croquis du pylône de 300mètres qui deviendra plus tard la tour Eiffel, 1884.

4장

fig.29 Alphonse Liébert, Aerial view of Paris France from a balloon showing the Seine River and the Eiffel Tower at center and buildings of the Exposition universelle,

LC-USZ62-94571, Prints and Photographs Division, the U.S. Library of Congress, 1889.
fig.30 Louis Poyet, Vue d'un caisson pour la fondation de la tour Eiffel par l'air comprimé-Coupe montrant le travail souterrain et les tubes d'accès et de déblaiement, *La nature*, 1887.
fig.31 Gaston Tissandier, Plan de fondation d'un pilier, *La tour eiffel de 300 metres*, G. Masson, 1889. / Gaston Tissandier, Coupe des piliers d'un montant de la Tour Eiffel faisant voir le système d'ancrage dans les fondations, *La tour eiffel de 300 metres*, G. Masson, 1889.
fig.32 Petit Pierre Lanith, Les fondations de la Tour Eiffel, 1887.
fig.33 Tinou Bao, rivets, 2006. ©Tinou Bao
fig.34 H. Lanos, Les travaux de la Tour Eiffel, À 180 mètres en l'air, Boulonnage du joint des deux arbalétriers, 1890.
fig.35 Louis Poyet, coupe des cabines de l'ascenseur Otis à la Tour de 300 mètres, *La nature*, 1889.
fig.36 Louis-Emile Durandelle, 1887-1889.

5장

fig.37 Vue générale de l'Exposition universelle de 1889, paris, 1889.
fig.38 Serge Melki, Gustave's Apartment-Eiffel, 2009. ©Serge Melki
fig.39 André Basdevant, 2 rampes de béton pour accéder au deuxième étage de la tour Eiffel, 1936.
fig.40 Serero, Eiffel DNA, 2008. ©Serero
fig.41 Flying tailor, c.1912.
fig.42 Franz Reichelt Fatal Parachute Jump, 1912.
fig.43 Claude Guillaumin, Les Martyrs de Panama, le Grelot, 11, 1892.
fig.44 Heinrich Hoffmann, Paris, Eiffelturm, Besuch Adolf Hitler, Bundesarchiv, 1940. ©Bundesarchiv, Bild 183-H28708/CC-BY-SA

6장

fig.45 Rodge500, Petrin Observation Tower, 2008. ©Rodge500

fig.46 Rept0n1x, Blackpool promenade, 2010. ©Rept0n1x

fig.47 NewBrightonTower, c.1900.

fig.48 David Stanley, Paris Eiffel Tower, 2012. ©David Stanley

fig.49 Rcfreak339, Kings Island International Street, 2010. ©Rcfreak339

fig.50 Lotte World II Hotel, RTKL Associates.

fig.51 Laitr Keiows, Tokyo Tower, 2011. ©Laitr Keiows / Katie Haugland, N Seoul Tower on Mt. Namsan, 2012. ©Katie Haugland / Lzy881114, Longta(Dragon Tower), 2012. ©Lzy881114

fig.52 minnemom, Eiffel Tower Paris, 2010. ©minnemom

fig.53 ДимонЪХ, Eiffel Tower Replica in the village of Parij, Russia, 2006. ©ДимонЪХ

fig.54 Paul-Louis Delance, La tour Eiffel vue de la Seine, 1889. / Georges Seurat, La Tour Eiffel, 1889.

fig.55 Robert Delaunay, Champs de Mars: La Tour Rouge, 1911. / Robert Delaunay, La Tour Eiffel, 1926.

fig.56 Guillaume Apollinaire, *Calligrammes*, 1918.

fig.57 La tour Eiffel en 1925 avec la publicité lumineuse imaginée par André Citroën, 1925.

fig.58 Vladimir Tatlin, Model of The Monument to the Third International, 1919. / Vladimir Tatlin, Elevation of The Monument to the Third International, 1919.

fig.59 백남준, 다다익선, 1987. ©최광모

7장

fig.60 Samuel Gottscho, Chrysler Building Midtown Manhattan New York City, LC-G612-T01-17578, Prints and Photographs Division, the U.S. Library of

Congress, 1932.
fig.61 Formulax, KLCC twin towers, 2005. ©Formulax / GREG, Taipei101 portrait altonthompson, 2007. ©GREG / Colin Capelle, Burj Khalifa, 2012. ©Colin Capelle
fig.62 The original Ferris Wheel at the 1893 World Columbian Exposition in Chicago, 1893.

논란의 건축
낭만의 건축
에펠탑, 126년의 시간을 따라 걷다

초판 인쇄 2015년 4월 21일
초판 발행 2015년 4월 28일

지은이 정대인 | 펴낸이 강병선

책임편집 고선향 | 편집 이연실 | 디자인 김마리
마케팅 방미연 우영희 김은지
홍보 김희숙 김상만 한수진 이천희
제작 강신은 김동욱 임현식 | 제작처 영신사

펴낸곳 (주)문학동네
출판등록 1993년 10월 22일 제406-2003-000045호
주소 413-120 경기도 파주시 회동길 210
전자우편 editor@munhak.com | 대표전화 031)955-8888 | 팩스 031)955-8855
문의전화 031)955-8858(마케팅) 031)955-1910(편집)
문학동네카페 http://cafe.naver.com/mhdn | 트위터 @munhakdongne

ISBN 978-89-546-3615-5 03300

* 이 도서의 국립중앙도서관 출판예정도서목록(CIP)은 서지유통정보지원시스템 홈페이지(http://seoji.nl.go.kr)와 국가자료공동목록 시스템(http://www.nl.go.kr/kolisnet)에서 이용하실 수 있습니다. (CIP제어번호: CIP2015011203)

www.munhak.com